写真アルバム

広島市の100年

巻頭口絵◆カラー写真で見る

広島の百年

広島復興大博覧会の「子供の国」①　昭和33年4月1日から平和記念公園を第1会場、平和大通り東部一帯を第2会場、広島城跡に再建された天守（郷土館）を第3会場として50日間開催された。写真は第2会場に設置された「子供の国」のアトラクション。その後ろに見えるモザイクのお城は「お菓子の国」。〈広島市中区富士見町・昭和33年・個人蔵〉

爆心地付近から南を写す　原爆投下から約半年後に撮影された。中央右の崩壊した建物は農林中央金庫広島支所。その左の日本貯蓄銀行広島支店はかろうじて残った壁面の裏に、はやくも木造建築が建てられ壁面に銀行名が書かれている。その後ろ、現在の平和大橋の場所に架けられていた新橋が落橋し木造の橋脚だけが残っている。〈広島市中区大手町・昭和21年・米国立公文書館所蔵〉

広島復興大博覧会の「子供の国」②　「子供の国」の飛行塔も人気の遊具のひとつだった。〈広島市中区富士見町・昭和33年・個人蔵〉

広島復興大博覧会の「子供の国」③　「子供の国」から出入口方面を望む。飛行塔の向こうに見える白い山形をした建造物が出入口のゲートになっていた。〈広島市中区富士見町・昭和33年・個人蔵〉

広島復興大博覧会の「子供の国」④　SL型のミニ列車は「子供の国」の周囲を走った。その奥に「電気科学館」、その右に「近代工業館」が見える。広島復興大博覧会は会期中87万人近くの入場者を集めて賑わった。〈広島市中区富士見町・昭和33年・個人蔵〉

広島駅前付近の広島電鉄市内線　広島駅前電停から出発した宮島線直通の電車。宮島線と市内線が直通運転を開始したのは昭和33年から。〈広島市南区松原町・昭和52年・撮影＝白井健氏〉

的場町駅付近の 広島電鉄市内線　650形電車は昭和17年製造の広電オリジナルの車両。写真の653号は同20年8月6日に爆心地から約3キロの江波付近で被爆して大破したが、その4カ月後には復帰して、平成18年に引退するまで60年以上にわたり広島の街を走り続けた。27年に「被爆電車特別運行プロジェクト」によって、被爆時と同じ配色である灰色と青色に再塗装して現役復帰、現在も平和学習のための特別運行に活躍している。〈広島市南区的場町・昭和52年・撮影＝白井健氏〉

広島駅南口　結婚式に出席した帰りの正装で記念に撮影した一枚。当時、広島駅のロータリーは今のように雑然としておらず、写真の場所はタクシー専用だった。少し北西に行くと、一般の送迎車両用の一時停車スペースがあった。〈広島市南区松原町・昭和44年・提供＝福重くるみ氏〉

SL列車「ポンパ号」　日立が昭和44年に発売したトランジスタカラーテレビは、スイッチを「ポン」と入れるとすぐに「パッ」と画面が見えることから、「ポンパ」の愛称でヒットした。その人気商品の名を付けたSL列車「ポンパ号」が日立の家電品の移動展示車として昭和45年10月から翌年6月まで全国を巡った。2月6日、「ポンパ号」が広島駅宇品線ホーム付近にやって来ると駅は家族連れで大賑わいとなった。〈広島市南区松原町・昭和46年・提供＝小林和典氏〉

今なお健在の可部駅舎　可部駅は明治44年の大日本軌道太田川橋（現上八木）～可部間延伸時に開業。運営会社と駅名が度々変わり、昭和11年に広浜《こうひん》鉄道の国有化により可部線可部駅となった。この駅舎は『日本の駅』によると同25年築。当時の建築とみられる部分の北側（写真右）半分は、入口の正面の道から見ると増築部に隠れる。そのため駅舎全体の規模がつかみにくい。〈広島市安佐北区可部・昭和58年・撮影＝大槻明義氏〉

山陽本線瀬野駅　瀬野〜八本松間用の補助機関車（補機）の基地・瀬野機関区が併設され、合図の汽笛と連結器がぶつかる音が一日中響いていた。補機を必要とする列車は昭和30年代から次第に減り、同61年頃に当駅での補機連結作業は終了。のちに駅北側の機関区跡に「瀬野機関区記念碑」が建てられた。この昭和15年築の駅舎は、現在の橋上駅舎が平成9年に完成するまで使われた。〈広島市安芸区瀬野・昭和56年・撮影＝片山康毅氏〉

ボンネットバス　博覧会場への観客を運んできた貸切バスか、広島復興大博覧会の会場付近での一枚。後ろの車は1951年型のプジョー203。〈広島市内・昭和33年・個人蔵〉

スバル360カスタム　昭和33年に発売された日本初の「国民車」といわれるスバル360の、ルーフを後ろにのばして荷物を積むスペースを確保した設計で、商用バンモデルとして同38年に発売された。場所は的場町にあった丸昇（現在のみやび）の店の前。お客が乗ってきた発売されたばかりの同車に乗せてもらい記念撮影した。〈広島市南区的場町・昭和38年頃・提供＝みやび〉

国道側から見た平原橋　瀬野川に架かる写真の橋は昭和24年9月に架設された。当時は車が1台通るだけの幅しかなかった。現在の橋は同56年に架橋された。〈広島市安芸区中野・昭和55年・提供＝古川了永氏〉

紙屋町交差点　今も昔も交通量が多い交差点である。広島バスセンター内に併設された広島そごう全盛期の光景。平成12年に、そごう広島店となったのち、写真の年に開店した新館が令和5年に閉館した。市民は今後の行方が気になっている。〈広島市中区基町・平成6年・提供＝熊野拓氏、熊野あつこ氏〉

広島そごうの屋上遊園地　広島市内中心部では最後にオープンしたデパートで、開店は昭和49年10月10日。前年に広島三越が開店しており、デパート開店ラッシュが落ち着いていた頃。新しくできた広島そごうの屋上遊園地は人気を集めていた。〈広島市中区基町・昭和55年・提供＝笠間朋枝氏〉

開店記念のパレードが行く　流川銀座商店街とえびす通商店街の交差点に差しかかるのは、きものの館・みやび本店開店の宣伝と景気づけで行われた行列。東京から「め組」の木遣りを招いて練り歩いた。〈広島市中区堀川町・昭和50年・提供＝みやび〉

中央公園ファミリープール　昭和54年の開園以来、夏には世代を問わず多くの人が訪れる。老朽化の問題に加え周辺の開発に伴った多くの議論が進められており、令和9年度には通年で利用できる施設として、リニューアル工事に着手する準備が進められている。〈広島市中区基町・平成26年・提供＝松本秀稔氏〉

上空から市民球場周辺を写す　旧広島空港（現広島ヘリポート）発着のコミューター機から撮影。写真中央に見える相生橋の左（東詰）にある黒いビルが広島商工会議所、その下方にPL教団の建物、青少年センター、こども文化科学館と続く。こども文化科学館の左隣はハノーバー庭園。〈広島市内・昭和59年・提供＝川本宏幸氏〉

広島遊園地　戦前に開園した金井公園が、戦後、広島遊園地と改称した以降もツツジの名所として多くの観光客を集めた。写真は弁当を広げツツジの季節を楽しむ母子のようす。〈広島市南区本浦町・昭和47年・提供＝山本昌子氏〉

安佐動物公園　荒谷山の麓の自然豊かな環境に、昭和46年に開園した。写真は安佐動物公園内の遊具広場で遊ぶ子どもたち。〈広島市安佐北区安佐町動物園・昭和48年・提供＝髙山由里子氏〉

第62回中国駅伝　昭和6年に第1回が開催された歴史ある駅伝大会。戦時下で中断されていたが同23年の第15回大会で再開され、写真の第62回を最後に全国都道府県対抗男子駅伝競走大会に引き継がれた。中国駅伝としての最後のランナーが瀬野の国道2号を通過中。〈広島市安芸区瀬野・平成7年・提供＝古川了永氏〉

楽々園遊園地　昭和11年に開園した遊園地で、同30年代には「中国地方一」といわれるほど賑わった。その後来客数も減り、46年に閉園となった。〈広島市佐伯区楽々園・昭和45年・提供＝梶本奈三枝氏〉

日下橋の開通　海田町の石原と蟹原を結んだ瀬野川に架かる日下橋が架け替えられ、6月15日に竣工式が行われた。〈安芸郡海田町内・昭和60年・提供＝海田町教育委員会〉

牡蠣の抑制棚　明神町から海田湾を望む。瀬野川河口にかつて養殖に使われた抑制棚のあとがある。撮影時にはすでに使われなくなっていた。〈安芸郡海田町明神町・平成15年・提供＝海田町教育委員会〉

3度目の日本シリーズ優勝　広島東洋カープが4年ぶり3度目の日本一に輝いた。歓喜に沸く広島市民から、心からの喝さいが、古葉監督と歩んできた選手たちに送られた。〈広島市中区基町・昭和59年・提供＝栗栖勝彦氏〉

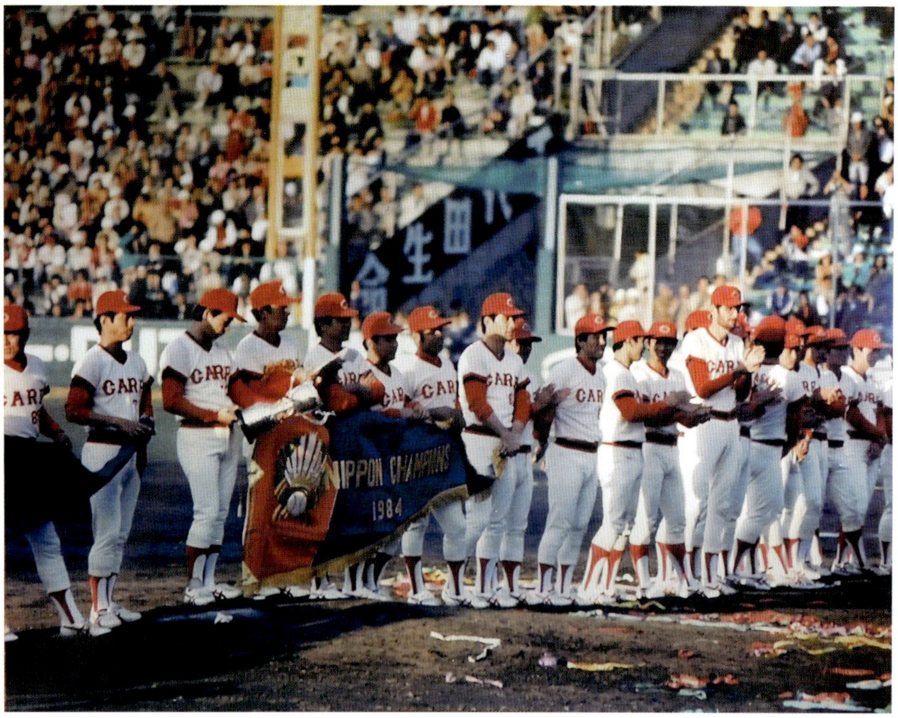

3度目の優勝ペナント　現役選手に衣笠祥雄、山本浩二、達川光男、北別府学、高橋慶彦、ティム・アイルランドなど、大スターがそろっていた広島東洋カープの黄金期であった。監督は、昭和50年のセントラル・リーグ初制覇以来、10年間チームを率いてきた古葉竹識。〈広島市中区基町・昭和59年・提供＝栗栖勝彦氏〉

秋祭りの子ども神輿もカープV2をお祝い　この年、江夏豊、高橋慶彦、山本浩二らの活躍もあり、カープが２度目のセントラル・リーグ優勝を果たした。熊野神社の秋祭りでV2を祝う大正町子供会の子ども神輿が行く。さらにこの年は、日本シリーズ初制覇を果たしている。〈安芸郡海田町大正町・昭和54年・提供＝海田町教育委員会〉

カープV6を祝う花電車　この年の9月13日、カープは広島市民球場で5年ぶり6度目のリーグ優勝を決めた。山本浩二監督は就任以来3年目で初優勝を果たした。広島電鉄も「あっぱれカープV6」と祝賀の花電車を運行した。〈広島市西区西観音町・平成3年・提供＝栗栖勝彦氏〉

フラワーフェスティバルの花の塔　平和大通りや平和記念公園周辺をメイン会場にゴールデンウィーク中に行われる市民祭りで、昭和52年に始められた。花の塔があるのは平和記念公園祈りの泉前。右端の建物は土谷総合病院、かつては妙法寺とたちばな幼稚園があった場所で、その左隣には割烹いろは、さらに左の白いマンションの位置には旅館ひかり荘（後のレストランカフェ・サンシャイン）があった。〈広島市中区中島町・平成29年・提供＝平澤緑氏〉

サマーフェスティバル IN ほことり　瀬野川の河川敷に整備された、ほことり広場で行われる隔年開催の夏祭り。写真は、第1回目となる舞台のようす。〈広島市安芸区中野・平成7年・提供＝古川了永氏〉

日浦山春日神社にお宮参り　参道階段の長い坂を上り、ようやく鳥居まで少しのところ。下を見るとかなりの勾配だとわかる。〈安芸郡海田町畝・昭和48年・提供＝菅尾貴弘氏〉

亥の子祭り①　囃しながら、彩紙で飾りつけた亥の子石に何本もの綱を結び、地面をつく子どもたち。旧暦10月の初亥の日に行われる子どもの祭りである。〈安芸郡海田町内・昭和52年・提供＝海田町教育委員会〉

亥の子祭り②　亥の子石を藁で包み、飾りつける準備をしている。〈安芸郡海田町内・平成初期・提供＝海田町教育委員会〉

熊野新宮祭礼　氏子が神輿を担いで練り歩き、五穀豊穣、無病息災を祈願。獅子舞奉納で、悪魔を祓い、福を招く。なかでも「鬼の階段上がり」は氏子が鬼の面をかぶり、笛や太鼓を演奏しながら、階段を上がったり下りたりする。〈安芸郡海田町上市・昭和53年・提供＝菅尾貴弘氏〉

日浦山春日神社の秋祭り　法被姿の子どもたちの後ろには「御初穂」と書かれた札を立て、米俵3俵を載せた豊穣神輿が見える。〈安芸郡海田町畝・昭和56年・写真提供＝菅尾貴弘氏〉

盆灯籠　お盆の時期には、竹に色紙を張った「盆灯籠」で墓地が彩られる。広島らしいお盆の風景である。〈安芸郡海田町稲葉・昭和63年・提供＝西村奈苗氏〉

出崎森神社の火ともしまつり　4メートルの大たいまつに、小たいまつを持った何人もの人が付き従って行列する神事で、出崎森神社が筑前の宗像神社から勧請されたときに、村の人びとがたいまつを灯して船を出迎えたことに始まると伝えられる。旧暦8月14日に行われていたが、現在では秋祭りの前夜祭と合わせて行う。〈安芸郡海田町寺迫・平成4年・提供＝海田町教育委員会〉

坂八幡神社の頂載《ちょうさい》　頂載は、坂八幡神社の秋祭りに浜宮地区と刎条《はねじょう》地区が繰り出す勇壮な神輿。太鼓を叩く4人の稚児を乗せた神輿を、参道を練り歩きながら右に左に大きく傾けて揺らして進む。〈安芸郡坂町坂東・平成9年・提供＝野村伸治氏〉

はじめに

私にとって百年という年月は、長く重みがあるという印象だった。しかし取材をしていくうちに、それは年月の「重み」ではなく「密度」ではないか？と思うようになった。

歴史は箇条書きに記されるものではない。人が生まれ、どのように生活して大人になり、老いて人生を終えるのか、それが歴史であろう。取材中にそのような視点で一枚一枚の写真をじっと眺めていると、写真から人の生活の音や息づかいが聞こえてくるように感じられた。

昭和が存続していれば令和七年は「昭和百年」になる。今回「広島市・安芸郡の百年」という時の流れを追いかけてきて、昭和の「時の密度」の重みを認識させられた。二百六十年という江戸の文明が終わり、明治から新しい文明が始まるが、昭和になって文明の本流が始まったといえるのではないだろうか。

その舞台を広島に置いてみると、日清戦争、日露戦争、第一次世界大戦、第二次世界大戦と日本の心臓部は広島にあり、最後に心臓を射抜かれたのも広島だった。人類初の原子爆弾を投下されるという最大の悲劇は広島が最初に受けた。

一度死んだと思われた広島は、市民自身の手によって見事に復興を遂げた。これを奇跡と言わずしてなんというのだろう。広島は再び動きだした。しかもこれまでの広島ではなくリセットされた新章「ひろしま」として。広島市、安芸郡の皆様の思い出の写真から、一つの物語がまた新しい物語へと紡がれていくのを、私は取材の中で何度も感じた。広島のあの町、この町で出会った人びとは、様々な数奇な人生と向き合って今を生きていた。一人ひとりの人生が、広島の歴史を紡いでいることを実感せざるを得なかった。

読者は、巻頭のカラーページで、広島の近影を見てご自身の人生を振り返られるであろうか。一章の絵葉書からはよく知るあの場所のかつての姿を見ることができる。特に吉川旅館の絵葉書は貴重で、現在では見知る機会のない場所の一つである。五章では、戦後の教育改革から幻と化した貴重な学校、また時代と共に閉校した学校がある中、現在もなお歴史を繋ぐ学校もある。六章では、かつて活躍した蒸気機関車や寝台特急、飛行機、フェリーなど交通の変遷を知ることができる。その他、各章に掲載した、わが町の埋没した記憶と懐かしい行事に、ある人は堰を切ったように思い出があふれ出し、ある人は新鮮な出来事として心を留めるだろう。本書を通し、誰かの記憶の中にある広島の百年を旅していただければ幸せなことである。

最後に、お写真をご提供くださった皆様、ご執筆下さった先生方に、多大なるご協力を頂戴しましたこと、心から感謝を申し上げます。

鈴木千穂

目次

1 正月の平和公園〈広島市中区中島町・昭和40年・提供＝砂入保雄氏〉
2 安佐動物公園でお弁当〈広島市安佐北区安佐町動物園・昭和52年・提供＝坪井美保氏〉
3 芸妓のお姉さんたちと〈広島市中区土橋町・昭和初期・提供＝稲田映子氏〉
4 保育園で「シェー！」〈安芸郡府中町桃山・昭和41年・提供＝砂入保雄氏〉
5 あいおいボートハウス〈広島市中区大手町・昭和30年・提供＝内田恵子氏〉
6 観音小学校の校庭滑り台で〈広島市西区観音本町・昭和30年・提供＝山根洋子氏〉
7 比治山公園にて〈広島市南区比治山公園・昭和30年・提供＝福重くるみ氏〉
8 秋祭りの日に〈広島市佐伯区五日市中央・昭和33年・提供＝青谷淳子氏〉

凡例

一、本書は、広島県広島市、府中町、海田町、熊野町、坂町で明治から現代までに撮影された写真を、テーマごとに分類して収録したものである。

二、写真解説文末尾〈　〉内に、撮影地の現在の地名（町名や大字まで）、撮影年、提供者・撮影者名を付記した。例外として、航空写真や俯瞰撮影などや、撮影地が不確かな場合は、自治体名の表記のみにとどめたり、撮影地表記を省略したものがある。

三、解説文中の名称や地名は、写真撮影当時に使われていた呼称を使用し、現在使用されていないものには、適宜（　）内に令和六年十月現在の呼称を表記した。

四、用字用語は、原則として一般的な表記に統一したが、執筆者の見解によるものもある。

五、文中の人名は、原則として敬称を略した。

第I部

昭和5年の広島市・安芸郡の市町村

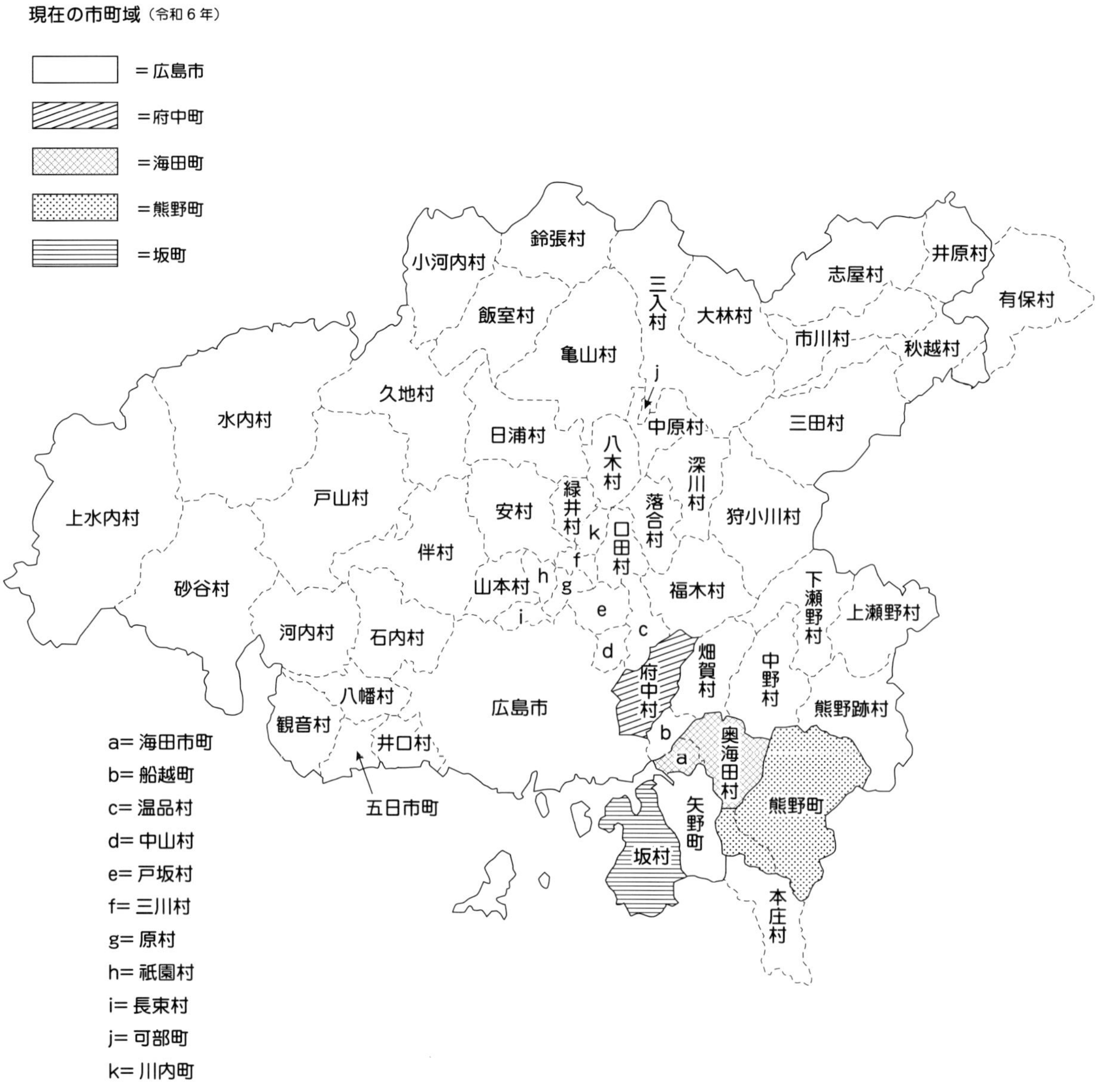

1

絵葉書に見る広島名所

江戸時代を経て明治維新後、広島は近代化の波に乗り、生活が大きく変わり始めた。明治四年の兵制改革から同二十一年の師団司令部条例公布により、第五師団司令部が設置され、中四国を統括する軍事拠点の様相を呈した。二十七年の日清戦争では、陸軍の派兵基地・兵站基地として注目され、山陽鉄道が広島まで開通し、広島駅と宇品港（明治二十二年築港）をつなぐ鉄道工事を開戦に間に合わせるため、二週間で完工させた出来事は、軍都広島の足音でもあった。

広島城には大本営が置かれ、周辺には軍関連施設が整備された。その規模は巨大なものであり、現在の基町～八丁堀界隈までにおよぶ。絵葉書の横町通り（現在の大手町一丁目）は、軍事施設に近く、多くの将兵が訪れたであろう街並みを見ることができる。また明治二十七年には、軍都の様相へと変化する時流の中で、浅野泉邸（現在の縮景園、元和六年（一六二〇）に広島藩初代藩主・浅野長晟《ながあきら》が造らせた歴史ある別邸）が、天皇陛下の行幸により大本営副営と指定された。浅野泉邸（縮景園）は、昭和二十年の原爆投下で荒廃するまで、大本営副営としての役割を全うし、戦後、市民と行政の尽力により同二十四年から約三十年がかりで復旧事業が行われた。

開戦とともに広島は、全国から富商や高官が集まる重要な拠点となり、宿場も増えていった。中でも一般には馴染みのない、貴紳・高官・富商らが贔屓にした伝説の旅館があった。「割烹 吉川旅館」（当時、大手町三丁目、現在の牡蠣船かなわ付近、元安川沿い）がそれだ。武将・吉川元春の子孫が創業した県下最大の旅館で、建物は清雅な雰囲気を持ち、格式の高さを感じられたという。原爆投下後、女将と幼い娘を失うという不幸に見舞われるも、吉川旅館の主と吉川家の後継が復興に尽力し、現在は京橋川沿いに、人気の宿泊施設「ホテルフレックス」を営業するに至る。

第一章に入る前に、広島市民のサンクチュアリと、かつて市民の誰もが一目見たいと訪れた建物について触れておきたい。まずは饒津《にぎつ》神社（東区二葉の里）について。宝永三年（一七〇六）、広島藩主・浅野綱長《つななが》により広島城鬼門の方角に浅野長政の位牌堂が建立されて以来、広島の市民が心を寄せる場所だった。広島は浅野家の統治が長く、市民からも慕われていた。昭和二十年の広島原爆投下直後に荒廃するも、多数の避難民が押し寄せここで落命したという。神様のもとで安堵して息絶えたのかもしれないとも思う。

次に、広島銀行の前身である藝備銀行について。今は幻の建築物となったが、大正九年に設立され、昭和二年に完成した本店の建物は、それは美しい建築物だった。多くの人が訪れ、その姿を愛でた。同二十年八月六日の原爆投下で、外形は残るも内部は全焼し、爆風と火災でその姿を失った。この一章に掲載された奇跡の姿と、見つけることが難しくなってきた明治から昭和初期の広島を、写真を通して当時を旅する思いである。

（山本由紀）

横町の商店街　中島本町から元安橋を渡った（平和公園の元安橋東詰め）辺り。現在の紙屋町2丁目本通商店街、おにぎり仁多屋とサンモールの辺りになる。メガネ屋の看板が「メガ子」と表記されているのが面白い。人びとの服装も和装が目立つ。〈広島市中区紙屋町・明治後期～大正初期・個人蔵〉

日清戦争の戦勝記念碑　中央奥にそびえるのが高さ約20メートルの「第一軍戦死者記念碑」。日清戦争における第一軍の戦死者を祀る碑として、西練兵場内に建てられた。砲弾の形をしており広島名所であったが、現存しない。「第一軍」は広島の第五師団と名古屋の第三師団から成っていたため、名古屋市にも同形の記念碑が作られ、同市千種区に現存している。碑の跡地付近にはホテルメルパルク広島、広島センタービルが建っている。〈広島市中区大手町、紙屋町・明治後期～大正初期・個人蔵〉

藝備銀行本店　明治12年、広島市に第百四十六銀行設立。大正9年、広島県内7銀行による大合同で藝備銀行が設立される。昭和2年に本店建物が完成。鉄筋コンクリート造り5階建てであった。同25年、「廣島銀行」に行名を変更した。〈広島市中区紙屋町・昭和2年・個人蔵〉

藝備銀行本店の営業室　窓口も広く、ヨーロッパ調の室内は、まるで落ち着いたホテルのロビーのようである。〈広島市中区紙屋町・昭和2年・個人蔵〉

浅野泉邸の跨《こ》虹《こう》橋《きょう》　現在の縮景園。広島浅野藩初代藩主・浅野長晟が元和6年（1620）、茶人としても知られる家老・上田宗箇に別邸の庭園として作らせた。シンボルである「跨虹橋」は18世紀後半の改修時に設置された。昭和15年、名勝に指定。わずか5年後の原爆投下により園はほぼ全壊するも跨虹橋は破壊を免れた。同24年、園は復旧を開始し、約30年をかけて完成。令和2年に築庭400年を迎えた。〈広島市中区上幟町・明治後期～大正初期頃・所蔵＝樹林舎〉

浅野泉邸正門　2本の柱上部に冠木を貫き渡した冠《かぶ》木《き》門《もん》。〈広島市中区上幟町・明治後期～大正初期頃・所蔵＝樹林舎〉

浅野泉邸の濯《たく》纓《えい》池《ち》　左奥に茅葺屋根の四阿《あずまや》・悠々亭、右奥に三橋（望春橋・昇仙橋・映波橋）。〈広島市中区上幟町・明治後期～大正初期頃・所蔵＝樹林舎〉

吉川《きっかわ》旅館　明治5年創業。創業者吉川金蔵の先祖である毛利元就の次男・吉川元春にちなんで命名された。明治から昭和初期まで県下最大の旅館としてその格式を誇った。写真から雁木(階段）から下りてボートに乗れるようになっているのがわかる。〈広島市中区大手町・明治後期〜大正初期頃・提供＝佐倉伸夫氏〉

吉川旅館の正面玄関　立派な石の門柱が客を出迎える。当時は軍都第一の軍用旅館であった。〈広島市中区大手町・明治後期〜大正初期頃・提供＝佐倉伸夫氏〉

吉川旅館の客室　丸火鉢、脇息、テーブルランプ、卓上電話機にペンダントライト。高級感に加え、モダンな雰囲気を醸し出している。今で言うエンジェルストランペットのような花が描かれた天袋や重厚なテーブルクロスも洗練されている。広縁から眺めれば下は元安川。宿泊客の目を和ませたことだろう。〈広島市中区大手町・明治後期〜大正初期頃・提供＝佐倉伸夫氏〉

吉川旅館の中庭　四季を通して楽しめるよう精巧につくりこまれている。第一級旅館の風格を感じさせる中庭である。〈広島市中区大手町・明治後期〜大正初期頃・提供＝佐倉伸夫氏〉

太田川　浅野泉邸（現在の縮景園）裏を流れる現在の京橋川。太田川の三角州地帯の上に発展した広島市街地は、洪水が繰り返し発生したため、昭和7年から放水路事業に着手。太田川本流から大芝橋付近で分岐した支流が京橋川となる。今も昔も桜の名所である。〈広島市中区上幟町・明治後期～大正初期頃・所蔵＝樹林舎〉

京橋川下流　平野町もしくは千田町あたりからの撮影と思われる京橋川下流の風景。三角の山は似島にそびえる安芸小富士。右端に架かる橋は御幸橋か。〈広島市中区・明治後期～大正初期頃・所蔵＝樹林舎〉

饒《にぎ》津《つ》神社　宝永3年（1706）、広島藩主・浅野綱長が広島城の鬼門の方角に浅野長政の位牌堂を建立したのが始まり。宮島型の檜造大鳥居（両部鳥居）、左右に巨大な狛犬が見える。〈広島市東区二葉の里・明治後期～大正初期頃・所蔵＝樹林舎〉

鐃津神社能楽殿　8人の神職が並ぶ背景に、老松が描かれた鏡板が見える。この能舞台も原爆によって焼失した。〈広島市東区二葉の里・明治後期〜大正初期頃・所蔵＝樹林舎〉

広島東照宮の鳥居　広島東照宮は江戸幕府初代将軍・徳川家康を祭神とし、慶安元年（1648）、広島藩第2代藩主・浅野光晟《みつあきら》によって広島城の鬼門にあたる二葉山山麓に造営された。この石鳥居は光晟の伯父である三次藩主・浅野長治から寄進された。〈広島市東区二葉の里・明治後期〜大正初期頃・所蔵＝樹林舎〉

いろは松　猿猴橋東詰めの松原は、広島市西部の福島町にある松原と区別するため「東松原」と称されていた。松はちょうど48本あったため､「いろは松」と呼ばれていた。大正初期頃まであったが、汽車の煤煙の影響で昭和16年頃にはほとんど枯死してしまった。〈広島市南区松原町、猿猴橋町・明治後期～大正初期・個人蔵〉

旧御便殿《ごべんでん》　明治27年の日清戦争勃発に伴い、大本営が置かれた広島市に明治天皇、政府高官も移ってきたことから帝国議会を開くことになった。その際、広島臨時仮議事堂とともに明治天皇の行在所として現在の中区基町周辺に建てられた。議会終了後、議事堂は取り壊されたが同42年、御便殿は比治山に移設され、観光名所となった。〈広島市南区比治山公園・大正初期頃・所蔵＝樹林舎〉

宇品港①　明治13年に千田貞暁が広島県令に着任すると、広島発展のため近代的な貿易港整備に乗り出した。築港事業は困難を極めたが、着工から5年後の同22年、宇品港が完成。以降、同27年から陸軍の軍用港として利用され、昭和7年に｢広島港｣と改称された。〈広島市南区宇品海岸・明治後期～大正初期・所蔵＝樹林舎〉

宇品港②　宇品港は、元宇品を背に挟み、現在の広島港よりも東寄りにあった。写真奥に見える帆船は似島、金輪島など近隣の島に渡るための船。〈広島市南区宇品海岸・明治後期～大正初期・個人蔵〉

広島県立広島中学校　明治7年創立の官立広島外国語学校が前身。同10年に広島県中学校、大正11年には広島第一中学校と改称。昭和43年に広島国泰寺高校と校名変更し、現在に至る。〈広島市中区国泰寺町・明治後期～大正初期・個人蔵〉

広島中学校の運動会　5年生による障害物競走。腕の力だけでロープを登っていき、横木を越えてまたロープを伝って下りてくるのだろうか。現代の運動会ではなかなかお目にかかれない競技である。生徒たちはみな、固唾を呑んで見守っている。〈広島市中区国泰寺町・明治44年・個人蔵〉

2 幕を開けた、広島の昭和時代

昭和時代は、元号の中でも最も長く六三年一四日続いた。昭和の元号名由来は「百姓昭明、協和万邦」、中国の書経（四書五経）によるもので、「国民の平和および世界各国の共存繁栄を願う」という意味がある。

広島にとって昭和の「前夜」は、日清戦争（明治二十七年）と日露戦争（同三十七年）を皮切りに、軍都に発展したことだろうか。元号の「昭和」に込められた、「国民の平和および世界各国の共存繁栄を願う」とは反する世相の中で迎えた幕開けだったといえる。

昭和三年七月六日にNHK広島放送局が開局されたことは、広島の分岐点のような位置づけだったかもしれない。開局日に、「己斐の餅つき唄」が己斐の有志によって唄われた。それはまさに「幕を開けた、広島の昭和時代」を象徴した始まりだったのかもしれないと、令和を生きる私は振り返る。

〽芽出度　芽出度がエーイーヤ　ヨイサヨイサ
芽出度　芽出度が三ツ重なりて　庭にや
鶴亀五葉ノ松が　シヨンガエー
（「己斐の餅つき唄」より）

縁起のいい唄がラジオから流れた時に、ある人には聴きなれた唄で、ある人には何かしら新しい時代を感じさせたのかもしれない。

実際「軍都廣島」として、広島は栄えた。その背景には教育があり、工業都市としての広島の姿があった。

明治三十五年、教員を養成する高等師範学校が広島に設立され、教員育成に力が注がれる。日本では東京に次ぐ、二つ目の高等師範学校で、当時「東西教育の総本山」と称されたそうだ。広島では他に、工業専門学校や女子専門学校などの高等教育機関、私立学校が設立されている。

興味深いのは、教育に力を注ぐと街が発展することだ。建築物から見える広島は、広島産業奨励館（大正四年竣工、広島県物産陳列館）はもとより、藝備銀行（昭和二年竣工、後の広島銀行）は近世復興式の石造建築で、まるでギリシャ神殿のようだ。また現在の広島市レストハウス（平和記念公園内）の建物は、元安橋の袂に建つ、大正屋呉服店として増田清（阿川佐和子の祖父）が設計し建築したものだ。大正、昭和の絵葉書や写真をみると、本当に美しい街と、表情豊かな人びととの生活がそこにある。

令和の今、昭和の始まりの広島から得られるものが多いなと思う。

（山本直美）

日本放送協会広島放送局の開局祝い　昭和3年7月6日に開局したお祝いに己斐町の「餅つき歌」が放送された。広島放送局開局当時、放送所は安佐郡原村（現安佐南区西原）に、放送局は上流川町（現中区幟町）にあった。この放送の翌年に己斐町は広島市に編入する。〈広島市中区幟町・昭和3年・個人蔵〉

「昭和の大合併」の記念写真　7カ町村（旧佐伯郡草津町、古田村、己斐町、安佐郡三篠町、安芸郡牛田村、矢賀村、仁保村）が昭和4年に広島市と合併した際に、行政関係者らが同3年に移転したばかりの広島市役所新庁舎の庭で撮影した。いわゆる昭和の大合併の記念写真である。〈広島市中区国泰寺町・昭和4年・個人蔵〉

仏具の宮川商店　場所は現在の実相寺あたりで、すぐそばに天満川に架かる横川橋がある地の利の良いところだった。昭和20年まで商売を続けていた。〈広島市中区寺町・昭和4年・提供＝宮川正人氏〉

広島運輸事務所の開設10周年記念　昭和2年4月1日、門司鉄道局所管の下に広島の運輸事務所が設置された。10周年を記念して記念撮影を行った。〈広島市中区上八丁堀・昭和12年・提供＝山本昌子氏〉

自宅庭先での家族写真　おそらく七五三の記念と思われる。現在はここに長寿園の高層マンションが建っている。写真提供者の父は教員だった。この写真を撮ったのは大崎上島から家族で転居してきて間もない頃だという。〈広島市中区西白島町・昭和11年・提供＝森下弘氏〉

豪雨災害のため民家に設置された救護班本部　大正15年9月11日未明、広島は豪雨災害に見舞われた。広島市の記録では1日357.5ミリの雨量で、安芸郡府中村の呉娑々宇山《ごさそうざん》にかけて河川氾濫や土砂災害が発生。そのため民家（佐藤家）に救護班本部が置かれた。〈安芸郡府中町本町・大正15年・提供＝猪野香氏〉

饒津《にぎつ》神社の神職会総会　饒津という社名には「広島の町が、物が豊かな水の都となるように」との祈願が込められている。歴史は古く、宝永3年（1706）に広島城の城主・浅野綱長が藩祖の浅野長政の位牌堂を建立したことに始まり、後に浅野家11代目斉粛《なりたか》が現在の場所に社殿を造営した。広島市民の心のよりどころである。〈広島市東区二葉の里・昭和16年・提供＝伊豆野和信氏〉

広島東照宮の神官職総会　徳川家康を祭神に祀る。その由来は広島藩主・浅野光晟《みつあきら》の母が家康の第三女・振姫《ふりひめ》であったことによる。広島東照宮も饒津神社もともに原爆で焼失したが、両社いずれも戦後に再建している。〈広島市東区二葉の里・昭和18年・提供＝伊豆野和信氏〉

葬儀の行列　甘味処や洋服店などが並ぶ電車通りで、現在の広電段原1丁目から比治山下方面へ向かうところ。長く壮大な行列であることから有力者の葬儀と思われる。写真提供者によると「子どもの目にはお祭りのようだった」という。明治末から昭和初期まで流行ったカンカン帽を被る紳士らが見送っている。浴衣にカンカン帽は夏の正装であった。〈広島市南区段原・昭和初期・提供＝矢野久美子氏〉

自宅前での家族写真　背景右側の自宅玄関に積まれた米俵が見える。最前列に写真提供者の曾祖父母と祖父母が写っている。撮影場所は江戸時代から段原と呼ばれた地区で、段原村、段原町、段原末広町、そして段原へと改称してきた歴史がある。〈広島市南区段原・大正10年・提供＝三好史久氏〉

写真館での家族写真　男性は和服に帽子というおしゃれな装い。写真左端で抱っこされているのが写真提供者の父。左から2人目の女の子は伯母で、原爆投下時には中区寺町の自宅にいたが、押し入れに入っていて奇跡的に助かったという。〈広島市西区横川町・大正9年・提供＝宮川正人氏〉

松茸狩りと宴　山の中でくつろぎのひと時。場所は現在のノートルダム清心中学・高校のある辺りである。この頃は松茸狩りができた。〈広島市西区己斐東・大正5年頃・個人蔵〉

旭山神社の旧社殿　「こいのみや」として親しまれており、「己斐」の地名発祥の地。三韓征伐に向かう途中の神功皇后に大きな鯉を献上したところ「おお、こひ、こひ」と皇后が喜んだことから、この土地を「こひ（己斐）」と呼ぶようになったという。〈広島市西区己斐西町・昭和5年頃・個人蔵〉

葬儀　写真の中央に見える座棺を神輿のように担ぎ、これから火葬場へ向かうところである。大正時代まで遺体を座った姿勢で納める座棺が使われていたという。遺族は足袋をはいていない。これは、不幸がたびたび起こらないようにするための縁起担ぎである。当時の火葬場は己斐上の苅場にあり、現在は墓地になっている。〈広島市西区己斐西町・大正7年・個人蔵〉

大田植の神事　パノラマ写真に納まりきらないほど大勢の人びとが田んぼの中に入っており、さらに山の上にも人がたくさんいる。昭和4年の昭和産業博覧会でも披露された神事で、山手地区では同30年まで行われていた。〈広島市西区己斐上・大正12年・個人蔵〉

田植えのようす　手で植える昔ながらの田植え。背景の家屋の中には茅葺き屋根も写っている。己斐は地域によって地形がさまざまに異なり、風土を生かした営みがなされていた。〈広島市西区己斐上・大正末期〜昭和初期・個人蔵〉

己斐町消防組　奉安殿前で記念撮影する消防組の面々。奉安殿とは、学校に下賜された天皇皇后の御真影と教育勅語を納めた建物のこと。大正の終わり頃から昭和の初めにかけて多く設置された。〈広島市西区己斐上・大正13年・個人蔵〉

昭和の御大典記念　昭和天皇の即位を祝って一同が集まって記念撮影。場所は己斐尋常高等小学校の旧校舎前、写っているのは己斐本町の高齢者らである。皆が手にしている杖は記念に進呈されたもの。〈広島市西区己斐上・昭和3年・個人蔵〉

在郷軍人己斐町分会の武術競技会　軍隊を離れて一般社会で生活する在郷軍人らが日頃の鍛錬を披露しあった。場所は己斐尋常高等小学校旧校舎前である。開催された昭和6年は満州事変が起こり、世の中に緊張が走っていた。〈広島市西区己斐上・昭和6年・個人蔵〉

海水浴　西区草津港2丁目あたりは現在漁港になっているが、当時は海水浴を楽しむことができた。写っているのは己斐尋常高等小学校の校長はじめ先生らと児童たち。〈広島市西区草津港・昭和5～6年頃・個人蔵〉

山根樫材　当時、西区小河内町にあった会社の正門前で撮った親族の記念写真。前列右から2人目の女性（経営者家族の長女）が、横浜へ嫁ぐことになったため、一族が集まってお別れ会を開いた。その後、会社は原爆で損害を受けたが長女の夫が横浜での勤めを辞し、会社に入って立て直しに尽力したという。同社は現在、廿日市市で営業を続けている。〈広島市西区小河内町・昭和16年・提供＝加藤雅子氏〉

竹中書店　大正10年創業の書店の前で家族が並んで記念撮影。写真の建物はもとは古市橋駅のすぐ近くにあったが、駅のホームを増設する際に移築したという。その後、竹中誠文堂、誠文堂と改称して同地で平成19年まで店舗を置いていた。現在は事務所を移転し、配達専門店として営業している。〈広島市安佐南区古市・昭和12年・提供＝誠文堂〉

皇紀二千六百年記念行事を終えた埃宮《えのみや》多《た》家《け》神社　神武天皇即位から2,600年を祝う記念行事が全国的に行われ、11万の神社において大祭が行われた。埃宮多家神社は東征の途中でこの地に立ち寄った神武天皇を祀っていることから、心のこもった祭りが行われたことだろう。〈安芸郡府中町宮の町・昭和15年・提供＝伊豆野和信氏〉

葬儀　龍仙寺における葬儀の一場面で、裃《かみしも》と袴姿の男性や子どもたち、白装束に身を包み綿帽子を被る女性が見える。また、写真の奥には座棺を運ぶための駕籠がある。〈安芸郡府中町山田・昭和8年・提供＝猪野香氏〉

龍仙寺の婦人会　本堂の前で記念撮影。15世紀に建立された龍仙寺は、江戸時代に頼山陽などの文人が訪れた浄土真宗の寺。府中小学校の前身である開明舎が同寺本堂に創立されるなど、府中の文化を担ってきた。〈安芸郡府中町山田・昭和初期・提供＝猪野香氏〉

家族写真　和やかな表情でカメラに納まる女性が多い中、後列中央の国民服を着ている若い男性が目を引く。前列の女性は庭にござと座布団を敷き、その上に正座している。〈安芸郡府中町浜田・昭和18年・提供＝陰山哲章氏〉

浜田地区の野球チーム　ユニフォームが汚れていないことから、これから試合に向かうところであろうか。写真提供者の父が監督をしていたという。スポーツチームらしいさわやかな笑顔が見られるが、軍事態勢が強まると野球は「敵性スポーツ」とみなされ、排斥されていくこととなる。〈安芸郡府中町浜田・昭和10年代後半・提供＝陰山哲章氏〉

ブドウ畑　季節になると張りめぐらされている棚にブドウが実る。安芸郡ではブドウ栽培をしている家が特に多かった。〈安芸郡府中町本町・昭和初期・提供＝猪野香氏〉

海田沖牡蠣養殖場　カキやノリの養殖が行われている広大な養殖場を、カンカン帽をかぶった3人の紳士が眺める。映画のワンシーンのような写真である。〈安芸郡海田町内・昭和11年・提供＝海田町教育委員会〉

茅葺きの赤翼家　熊野筆の伝統工芸士・赤翼洞水を生んだ赤翼家。写真の家はハワイへ移住し、議員を務めた親族・ジョージ赤翼が帰国後に建てた旧宅。場所は現在の熊野高校がある辺り。〈安芸郡熊野町川角・大正8年頃・提供＝赤翼洞水氏〉

とんど　しめ縄などの正月飾りを焚き、無病息災や豊作を願う伝統行事。子どもらは餅を挟んだ竹の棒を手にしており、焼いて食べるのを楽しみにしていたという。〈安芸郡熊野町中溝・昭和6年頃・提供＝坊田謙治氏〉

熊野稲荷神社の祭り　宇迦之御魂神《うかのみたまのかみ》を祀り、現在の社殿は昭和7年頃に再建されたものだという。稲荷会という地域の世話役たちが大切に守ってきた。〈安芸郡熊野町中溝・昭和8年・提供＝坊田謙治氏〉

榊山神社の盆踊り　承平3年（933）、九州の宇佐八幡宮より勧請された千年以上の歴史を誇る古社。盆踊りでは昔からの習慣で、町内各地域の7～8歳の子どもを一人ずつ選び、太鼓を演奏させることになっている。神社や寺の盆踊りは輪になって行われる。〈安芸郡熊野町中溝・昭和7年・提供＝坊田謙治氏〉

広島高等師範学校附属中学校の授業　現在の広島大学附属中学・高校の前身である。化学・物理の授業風景。教卓の上に実験器具のようなものが見える。〈広島市中区東千田町・大正初期・個人蔵〉

広島第一中学校へ入学　明治7年開校の広島外国学校を前身に、広島中学校として創立。後に広島第一中学校と改称をした。全員が着ている国民服が時世を表している。〈広島市中区国泰寺町・昭和18年・提供＝森下弘氏〉

広島第二高等女学校のクラス写真　昭和16年に広島女子専門学校として開校。同20年8月6日は学徒動員で雑魚場町周辺にいた生徒が多かったことから、被爆により尊い命を多数失った。昭和23年に学制改革で広南高校として発足したが再編により翌年に広島皆実高校へ統合された。〈広島市南区宇品東・昭和17年・個人蔵〉

広島女子商業学校の全景　大正14年の設立は、女子商業校としては全国で5番目という早さ。場所は現在の広島イーストのあたりで、写真左の木立は比治山公園であろう。戦後広島女子商業高校となり、平成に入ってから坂町に移転。現在は広島翔洋高校となっている。〈広島市南区段原南・昭和初期・提供＝三好史久氏〉

広島女子商業学校でバレーボール　髪を結び、揃いの靴下でボールを追う女生徒たち。木造校舎の2階から熱心に観戦している姿も見える。〈広島市南区段原南・昭和4年・提供＝三好史久氏〉

進徳高等女学校の運動会　明治41年に進徳女子校として創立。学校名の進徳は、仏教の「仏説無量寿経」の「行道進徳」にちなんで命名された。原爆投下時は学徒動員により多くの犠牲者を出した。写真は校庭に全校生徒が広がり体操を行っているところ。進徳実科高等女学校から、昭和10年に進徳高等女学校に改称する。〈広島市南区南竹屋町・昭和9年頃・提供＝児玉ひろ子氏〉

山陽中学校の入学式　全員丸坊主で国民服を着ている。同校は呉服商を営む石田米助が出資して明治40年に設立。校舎は原爆で全焼したため、戦後は元宇品町旧高射抱隊跡を仮校舎として再スタートした。現在の山陽高校である。〈広島市中区宝町・昭和18年・提供＝猪野香氏〉

本庄村の本庄北尋常小学校　本庄村は明治22年に発足し、昭和6年に村を二分割して現在の安芸郡熊野町と呉市の一部になる。本庄北小学校は現在の平谷交差点あたりにあったが、村の分割に伴い同年に廃校が決まったため全員で記念撮影をした。〈安芸郡熊野町平谷・昭和6年・提供＝赤翼洞水氏〉

本庄北尋常小学校の全景　周囲を田畑に囲まれのどかな環境だが、きれいな学び舎が3棟建っていた。校庭で元気に遊んでいる子どもらの姿がほほえましい。〈安芸郡熊野町平谷・昭和6年・提供＝赤翼洞水氏〉

坂尋常小学校の運動会　今では種目にない独特な体操で、1人が逆さ大の字になり、もう1人がその足の間を飛び込み前転するという技。当時の小学生の身体能力の高さが感じられる。〈安芸郡坂町坂東・昭和14年・提供＝野村伸治氏〉

皇紀二千六百年記念祭①　己斐尋常高等小学校の奉安殿前で行われた皇紀二千六百年記念祭。ここからスタートして練り歩き、基町の護国神社や旭山神社を参拝した。この年は神武天皇即位から2,600年にあたるとされ、国を挙げて奉祝記念行事が全国各地で行われた。〈広島市西区己斐上・昭和15年・個人蔵〉

皇紀二千六百年記念祭②　坂尋常小学校での皇紀二千六百年記念祭写真。男子だけが写っているがほぼ全員丸坊主である。この翌年に「皇国の道に則って初等普通教育を施し、国民の基礎的錬成を行う」を目的とする国民学校令が公布・施行され、坂国民学校と改称した。〈安芸郡坂町坂東・昭和15年・提供＝野村伸治氏〉

皇紀二千六百年記念祭③　写っているのは広島県職員一同で、会場は浅野泉邸（縮景園《しゅっけいえん》）。広島浅野藩初代藩主・浅野長晟《ながあきら》が別邸の庭として築いた大名庭園の美しさに影響されたのか、池の水面に映る姿もしっかりフレームに収められている。〈広島市中区上幟町・昭和15年・提供＝伊豆野和信氏〉

出征軍人遺家族への慰安舞踊会　己斐尋常高等小学校講堂において、田中西部舞踊研究所の主催で出征軍人遺家族に対して慰安の舞踊会が開催された。昭和12年の日中戦争開戦以降、このような慰安会が多く開催されていた。〈広島市西区己斐上・昭和15年・個人蔵〉

神武天皇聖蹟顕彰施設竣工記念式　11月30日に埃宮多家神社の近くで「神武天皇聖蹟顕彰施設竣工記念式」が開催され、お祝いに集まった町民たち。仮装している者もたくさんおり、お祭りのような賑わいだったという。〈安芸郡府中町宮の町・昭和16年・提供＝府中町教育委員会〉

第五師団の軍人たち　中区基町にあった西練兵場にて出征前の記念撮影。〈広島市中区基町・昭和16年・提供＝宮川正人氏〉

出征の見送り　幟の一つに「祝出征」と大きく書かれている。いくつもの幟が風に揺れていることや、遠目から撮影していることによって印象的な一枚になっている。〈広島市佐伯区湯来町内・昭和18年・提供＝小田年枝氏〉

出征軍人を送る会　己斐尋常高等小学校の奉安殿前にて出征軍人を送る会が行われた。赤襷をつけた青年たちを、町民らが送り出した。〈広島市西区己斐上・昭和18～19年頃・提供＝個人蔵〉

第II部

昭和29年の広島市・安芸郡の市町村

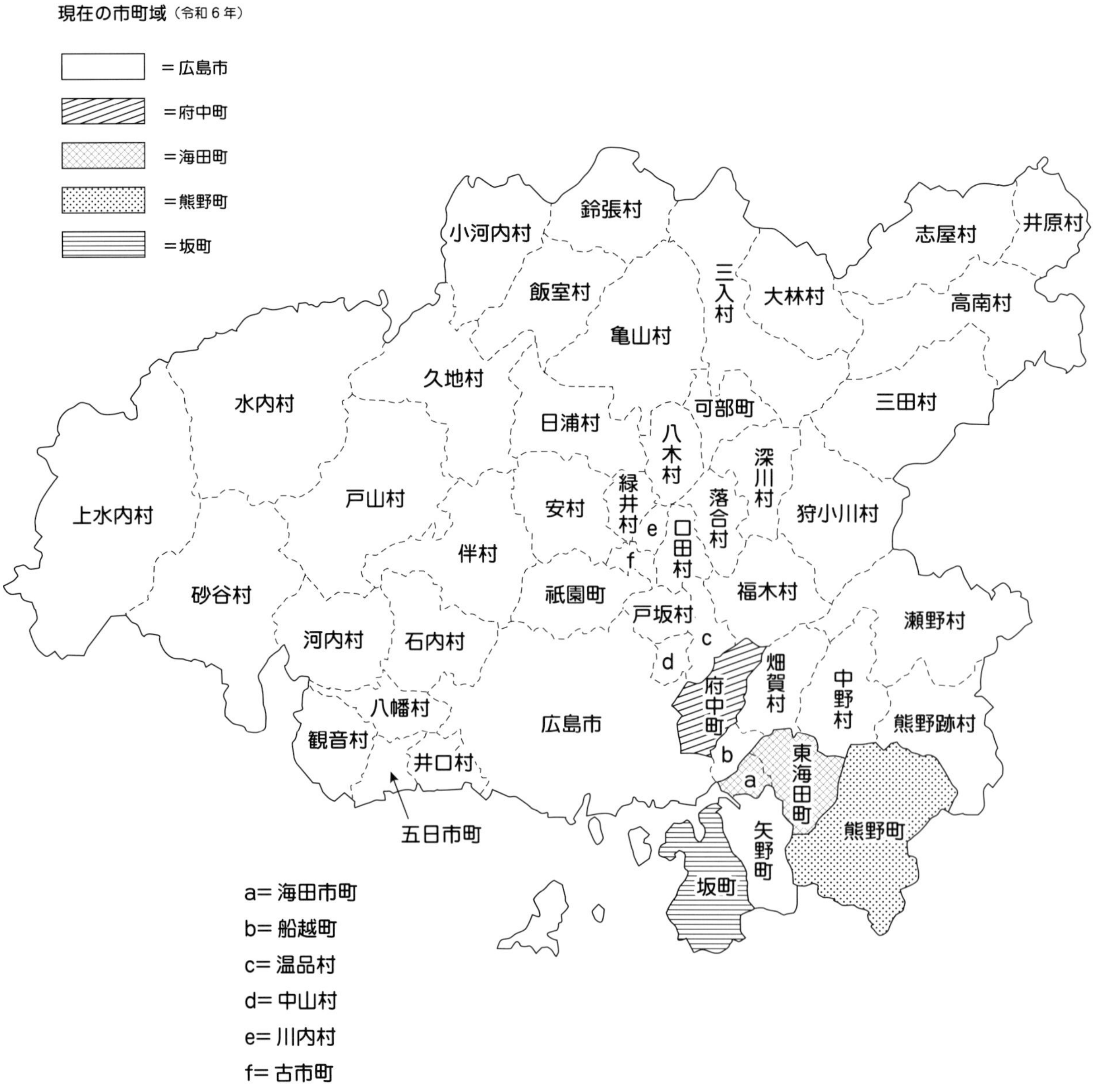

3 市民が写した身近な出来事

戦後すぐは着の身着のまま暮らしていた市民の暮らしぶりも、昭和三十年前後になると、だんだん変わってきた。同三十年代から、一気に高度成長期に入っている実感が人びとにはあったと思う。当時、国民の「三種の神器」と呼ばれた白黒テレビ、洗濯機、冷蔵庫などの家電も、各家庭に整いつつあった。本章に収録されたそんな時代の写真を見ながら、自分の記憶を旅してみた。

安芸郡坂町に住む私は、家族で広島市内へ出かける時、呉線の汽車（国鉄は汽車で広島電鉄は電車と呼んだ）を利用したものだが、私の忘れられない記憶の一つとして、広島市内へ出かけた時の映像が頭に残っている。小学生の私は、広島に出かける時は、半ズボンに蝶ネクタイと、子どもながらに盛装だった。昭和四十年頃は、現代のように気軽に、ちょっと広島市内に行って来るという時代ではなかった。

とくに思い出すのは、八丁堀の福屋の展望食堂で、日の丸の旗が立ったお子様ランチを食べ、屋上の遊園地で遊んだことだ。

夏休み、冬休みには映画館へ連れて行ってもらったのも良い思い出だ。「こども大会」と称してアニメ映画などを四本立てで観ることができ、毎年待ち遠しかった。あの頃は広島に住んでいながら、「広島へ行く」ことは小旅行のようで、イベントのようだった気がする。大人にとっても広島の紙屋町、八丁堀は、東京でいう銀座の感覚だったのかもしれない。

そしてもう一つ忘れられない記憶は、私が高校生の時のものだ。昭和五十年十月十五日。広島東洋カープ初優勝の日である。当時、高校二年生で保健委員をしていた私は、放課後の保健室で他の委員と先生の四人でテレビ観戦した。今では考えられないことだが、念願のカープ初優勝がかかった試合を観ることは、市民にとって何よりも大事だった。夕方近くになったころ、保健医の先生が気を利かせて近所の中華料理屋からとってくれた出前の中華そばをすすりながら、真剣に観戦した。優勝の瞬間は保健室に大歓声が響きわたり、皆でどんぶりを箸で叩きながら喜びを炸裂させた。帰り道、公衆電話から帰宅が遅くなることを伝えると、この日ばかりは父もゆるしてくれた。今でも中華そばを食べると、あの大らかな時代を懐かしく思い出す。

（野村伸治）

昭和天皇御巡幸　12月7日、広島市民奉迎場（旧市民球場の辺り）に、市民が波のように押し寄せた。昭和天皇の巡幸は、市民への励みとなったという。中央上の建物は商工会議所、左上は産業奨励館の原爆ドーム、その下にある建物は、バラック小屋や仮の産業施設。〈広島市中区基町・昭和22年・撮影＝中国新聞社、提供＝小島英子氏〉

昭和天皇の広島産業視察　昭和天皇が基町授産場を視察され、産業に従事する人びとを労われた。こうしたご視察も広島復興への活力になった。〈広島市中区基町・昭和22年・撮影＝中国新聞社、提供＝小島英子氏〉

基町に設立された広島母子寮　広島市は戦災、引き揚げ、原爆被災者母子を救済するための母子寮を、工費149万円をかけて着手、昭和22年6月に竣工した。戦災母子たちは、母子寮でようやく子育て支援や寝食を得ることができた。広島母子寮は、のちに広島和光園母子寮と改称された。〈広島市中区基町・昭和22年・提供＝山根洋子氏〉

広島母子用保育所初めてのクリスマス会
母子寮と共に母子用保育所も昭和22年に開設された。園の先生とお母さんらの手作り衣装を着て写真を撮った後にもらえたお菓子が、子どもたちは楽しみだったという。恩賜財団同胞援護会広島県支部広島市支会により開設され、同27年広島和光園母子寮保育所と改称した。〈広島市中区基町・昭和22年・提供＝山根洋子氏〉

広島こども博覧会　原爆で遊びも学びも奪われた子どもたちのためにと、広島県教育委員会や広島市、中国新聞社などが10月5日から57日間にわたり開催した。会場は中区基町の児童文化会館（現こども文化科学館あたり）一帯で、展示館（発電機、列車の模型などを陳列）や動物園が設けられ、なかでもタイから来た象の広子は人気を博し大盛況だった。〈広島市中区基町・昭和25年・提供＝陰山哲章氏〉

広島こども博覧会の飛行機塔　森永提供の飛行機の乗り物も子どもたちに夢を与えた。会場は児童文化会館一帯で、多くの家族が夢のような時間を過ごしたという。〈広島市中区基町・昭和25年・提供＝内田恵子氏〉

広島こども博覧会の子供列車　森永チューインガムのロゴが入った列車は、親子で楽しめる乗り物として行列ができた人気アトラクションだった。〈広島市中区基町・昭和25年・提供＝内田恵子氏〉

出初め式の開会式　場所は昭和24年に新築移転した熊野中学校のグラウンド。当時は、熊野本宮神社の参道入口そばにグラウンドがあった。熊野町各地区の消防隊員が一堂に会し、出初め式が行われ、開会の挨拶は光本岩登町長が行った。〈安芸郡熊野町中溝・昭和25年・提供＝坊田謙治氏〉

消防の放水演習　熊野町民が見物する中、消防の演習が次々行われた。写真は下方対象物への消防放水演習。各地区がチームとなり、手押しポンプをリズムよく押し、途切れることなく放水する。一種のスポーツのようであり、小気味よい動きは見学者を釘付けにした。〈安芸郡熊野町中溝・昭和25年・提供＝坊田謙治氏〉

消火演習　実際に仮設された小屋を燃やして火消しを披露する。当時の家は茅葺屋根も多く、土や竹などが使われている建物も少なくない。燃えやすく、延焼しやすいこの頃は消防隊到着までの対応が分岐点となった。現在熊野町では、茅葺屋根の民家を有形文化財として保存できるよう調査につとめている。〈安芸郡熊野町中溝・昭和25年・提供＝坊田謙治氏〉

府中町の成人式　被爆後6年、公的機関や住民の生活に関わる建物が優先的に建設され、人びとの暮らしは復興に向かいつつあった。府中小学校講堂で開催された成人式で、新成人代表で挨拶しているのは、写真提供者の父親である。〈安芸郡府中町本町・昭和27年・提供＝猪野香氏〉

坂地区の成人の祝い記念写真　テーブルの上に見える弁当に包まれていたのは、お祝いの鯛だったという。戦後復興のまっただ中、どこの市町村も財政的に十分ではないなか、若者を大切に育もうとする思いを垣間見ることができる、坂町と町民からの精一杯のお祝いだった。〈安芸郡坂町内・昭和27年頃・提供＝野村伸治氏〉

「金語楼気まぐれ三輪栗毛」 東洋工業（現マツダ）の三輪自動車に「広島→東京」と書かれている。当時、喜劇役者としても大人気の落語家・初代柳《やなぎ》家《や》金《きん》語《ご》楼《ろう》の看板を掲げた三輪自動車で広島から東京まで縦断する、宣伝プロジェクトを始めた。〈安芸郡府中町新地・昭和28年・提供＝内田恵子氏〉

「金語楼気まぐれ三輪栗毛」出発式 10月11日、東洋工業本社で行われた。当時大人気の金語楼が三輪自動車でやってくると、大勢の見物人が押し寄せて宣伝効果は大きかったという。広島から東京まで10日ほどかかり、ときには金語楼自ら運転したという。〈安芸郡府中町新地・昭和28年・提供＝内田恵子氏〉

「金語楼気まぐれ三輪栗毛」の出発日
上空からの写真で、大勢の社員が本社に集まって柳家金語楼や同行する社員に声援を送り、見送るようすがわかる。このあと広島市内をゆっくりとパレードしてから出発すると、金語楼を一目見たいと多くの観衆が沿道に集まっていたという。〈安芸郡府中町新地・昭和28年・提供＝内田恵子氏〉

府中町健民大会　府中小学校で5月2日に開催された第3回健民大会。町民の健康増進・体力向上を重点に置き、スポーツの普及や実施を目標とした。「…老いも若きも一円融合、拍手喝采の明朗絵巻を繰り展げて、町民府中の秋を讃え、挙町和楽の一日を過ごしたい…」と町当局は、昭和26年9月に府中小学校の運動会と併合して開催したのが第1回、プログラムは40種目にもなった。〈安芸郡府中町本町・昭和28年・提供＝内田恵子氏〉

坂町役場の議会室　当時の役場2階の議会室で坂革新青年連盟代議委員会が開かれた時の写真で、右端1列目が写真提供者の伯父。戦後、坂町で結成された青年組織の機関誌「坂文化」を発行していた。坂町にはほかに横浜青年同志会、鯛尾青年同志会、小屋浦青年団があった。当時は戦後の復興の中、どの地域でも青年の情熱あふれる理想と論戦が社会の原動力と言える時代だった。〈安芸郡坂町内・昭和28年・提供＝野村伸治氏〉

府中町役場新庁舎落成式の日①　旧庁舎より刷新されたモダンなモルタル造りの白亜の建造物で、町民の目には、新しい始まりを予感させるものだったろう。〈安芸郡府中町本町・昭和29年・提供＝府中町教育委員会〉

府中町役場新庁舎落成式の日②　庁舎落成の賑わいの中、広電バスがUターンし、向かう先は八丁堀。この場所は庁舎と多家神社の間になる。〈安芸郡府中町本町・昭和29年・提供＝府中町教育委員会〉

府中町役場新庁舎落成式の日③　屋上まで町民があふれている新庁舎。令和6年の現在、人口は当時の約5倍に増えた。現在この庁舎は老朽化のため取り壊されている。〈安芸郡府中町本町・昭和29年・提供＝府中町教育委員会〉

「祝 幕の内隧道開通」　安佐郡亀山村から飯室村へ向かう幕の内峠は難所として知られ、昭和28年には乗客70人を乗せたバスが転落する事故が起きていた。翌年、総延長2,290メートルの県内初となる有料道路・広島浜田線の開通と合わせて、420メートルの幕之内隧道も竣工。ゲート付近の建物には開通を祝う文字が掲げられ、大勢の村民が詰めかけている。〈広島市安佐北区安佐町飯室・昭和29年・提供＝原田良造氏〉

トンネルと有料道路開通に沸く飯室村　写真中央には桑原精一村長、右にはこの年有料道路出入口付近に原田石油を開店した原田商会のトラックが写る。通行料金は、普通乗用車80円、バス120円、軽自動車20円、自転車10円などであった。昭和44年に無料化されている。〈広島市安佐北区安佐町飯室・昭和29年・提供＝原田良造氏〉

五日市町会創立祝賀記念
昭和30年に五日市町を含む1町4村（五日市町、河内村、観音村、八幡村、石内村）が合併して新たな五日市町が誕生し、各地で祝賀会が行われた。写真は、五日市町の中心の一つ楽々園のある地域でのひとコマ。新たな五日市町会の創立を祝い記念撮影された。〈広島市佐伯区楽々園・昭和30年・提供＝児玉ひろ子氏〉

三菱重工広島造船所にて輸送船の進水式　注目したいのは、傾斜を利用して枕木に板を載せ、蝋を塗って船を海へ滑らせているところだ。衆目を集める中、新造船がゆっくりと海へ進水していく。右手奥にうっすらと宮島が見えている。同社は昭和55年に新造船事業から撤退し、名称も広島製作所に変更となった。〈広島市中区江波沖町・昭和31年・提供＝小池忠人氏〉

広島復興大博覧会 第2会場　会場は平和記念公園、平和大通り東部、広島城天守閣の3カ所に分かれており、平和大通り東一帯が第2会場だった。近未来的なゲートが博覧会らしくもあり、来場者も初めてみる乗り物に心が踊った。この第2会場は「子供の国」もあり、家族連れが多く見られたという。〈広島市中区富士見町、小町・昭和33年・提供＝玉井満氏〉

広島復興大博覧会 第1会場①　平和記念公園が第1会場だった。慰霊碑前が舞台となり、当時まだ珍しいバレエ教室の児童も舞った。広島におけるバレエの草分けといえば、葉室潔だ。昭和26年、日本人初の国際プリマバレリーナである森下洋子は、葉室が江波の幼稚園で始めたバレエ教室へ3歳で通う。それがきっかけでバレリーナの道を歩むことになったという。〈広島市中区中島町・昭和33年・提供＝宮川正人氏〉

広島復興大博覧会 第１会場②　平和記念公園のパビリオン。この人工衛星館では博覧会の目玉の一つ、ソ連の第２号人工衛星スプートニクの模型が展示されていた。第１会場ではほかに原子力科学館が人気を集めたという。〈広島市中区中島町・昭和33年・提供＝玉井満氏〉

府中町健民大会で活躍した鹿籠上組の選手　徐々に経済が戻り、人びとの顔にも笑顔が多くみられるようになったころ。町民同士の交流をはかり、各地区での繋がりが深められた健民大会は、昭和36年から府中町民運動大会となった。〈安芸郡府中町内・昭和33年・提供＝府中町教育委員会〉

東部復興事務所　昭和21年、広島の復興事業のために基町の商工会議所内に広島県広島復興事務所が開設。翌年、隣接するように広島市復興局東部復興事務所も開設された。同32年に燃料会館（前身は大正屋呉服店。阿川佐和子の祖父・増田清設計）へ移転した際の記念写真と思われる。燃料会館は現在、広島市平和記念公園レストハウスとなっている。〈広島市中区中島町・昭和33年・提供＝野村伸治氏〉

梵鐘の奉納行列　大師寺に梵鐘を奉納するため旧山陽道（西国街道）を行く。行列に花鞍をつけた牛も連なり、どれほど町民から大切に思われていた梵鐘奉納だったかわかる。梵鐘の日本における歴史は、飛鳥・奈良時代から始まるとされている。梵鐘の「梵」は、サンスクリット語「ブラフマン」（神聖、清浄を意味）に由来するように、インド仏教に起源を持つ。こうした梵鐘奉納行列も、今ではほとんど見られなくなり、とても貴重な写真だ。〈安芸郡海田町内・昭和34年・提供＝海田町教育委員会〉

メーデーの行進①　胡町電停から銀山町電停方面に向かって行進している。右側の百十四銀行は現在もこの場所にある。左側奥に見える懐かしいソニーの看板の隣が現在の朝日生命胡町ビル。〈広島市中区幟町・昭和30年代中頃・提供＝猪野香氏〉

メーデーの行進②　日本は高度経済成長期に入っていた。労働条件の改善を図るため、広島各社の労働組合が一堂に集まりデモ行進を行う。右端の電話ボックスは、戦後のバラック式から変更された初の鋼製ボックスで、クリーム色のボディと赤い屋根で町の雰囲気を一新した。写真右側は紙屋町交差点で、奥に日本興業銀行が見える。〈広島市中区基町、紙屋町・昭和30年代中頃・提供＝猪野香氏〉

第30回中国駅伝競走大会　かつて開催された長距離駅伝。箱根駅伝に次いで日本で2番目に古い駅伝で、当時は朝日駅伝、全日本実業団駅伝と並び、日本三大駅伝と謳われた。第1回は昭和6年2月11日開催、2回目以降は一般青年と学生の2部制をとり、同19年の第14回大会以降は戦争激化で一時中断。戦後は昭和23年1月15日に第15回大会として再開、平成7年の第62回を最後に天皇盃全国都道府県男子駅伝競走大会に引き継がれた。写真は安芸郡海田町蟹原の市頭交差点付近で、現在のJAひろしま海田セレモ館近く、瀬野川沿いになる。〈安芸郡海田町蟹原・昭和38年・提供＝古川了永氏〉

ヤマハ音楽教室合同発表会　昭和30年に完成した広島市公会堂で、ヤマハ音楽教室の記念すべき初の発表会が大々的に開催された。以降、発展していくヤマハ音楽教室に、子どもたちはあこがれたものだった。写真は幼児科、児童科の第1回発表会。〈広島市中区中島町・昭和36年・提供＝森苗月氏〉

中国五県警察音楽隊160人の合同パレード　中国5県（広島、岡山、山口、島根、鳥取）の県警による音楽隊とフラワーガード総員160人によるパレードが中区紙屋町交差点を通過するところ。後ろに見えるのは南東角にあった建物で、現在この場所には企業や商業施設の入る広島トランヴェールビルディングという複合ビルが建てられている。その右隣りには広島銀行本店がある。〈広島市中区紙屋町・昭和36年頃・提供＝藤井千鶴子氏〉

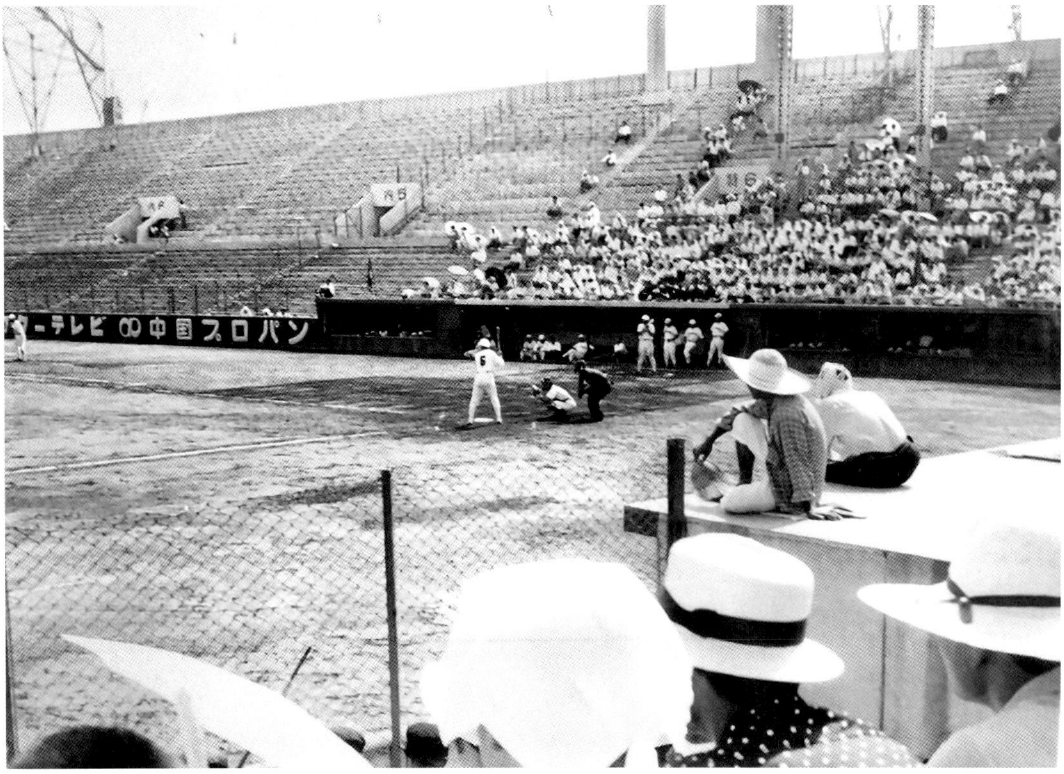

夏の高校野球地方予選大会　広島市民球場で開催された夏の大会。この年、崇徳高校が強豪・広陵高校を完封し、甲子園初出場を果たす。奇跡的な展開に球場は興奮と感動に沸いた。〈広島市中区基町・昭和36年・提供＝陰山哲章氏〉

広機エリコンズ結成記念大会　三菱重工広島精機製作所の野球チームを結成した時の記念写真。広島精機製作所独自のチームだった。社会人野球は戦前から盛んではあったが、太平洋戦争で低迷する。広島の三菱重工では昭和21年に硬式野球部を創設、同49年の第１回日本選手権では4強入りを果たした。〈広島市安佐南区祇園・昭和38年・提供＝陰山哲章氏〉

川角大橋の竣工式　安芸郡熊野町の二河川《にこうがわ》に架かる川角大橋の竣工式。その後何度か架け替えが行われ、現在の橋は平成21年に架けられた。〈安芸郡熊野町川角・昭和38年・提供＝赤翼洞水氏〉

東京オリンピック聖火リレーの県庁前歓迎式会場　昭和39年9月20日、山口県から広島県大竹市へ入った聖火リレーのランナーが、県庁前に到着。同日に広島県庁で無事歓迎式が行われた。この日は交通整理に警察官約1,000人が動員されたという。県内は合計81人のランナーによって引き継がれ、聖火は島根県へ向かった。〈広島市中区基町・昭和39年・提供＝陰山哲章氏〉

別院前電停を通過する聖火ランナー　聖火ランナーを一目みようと、沿道にズラリと観衆が押し寄せた。東京オリンピックの開催は、戦後日本の完全復興を象徴する出来事。４つのコースに分かれて全国をくまなく走った聖火リレーを目に焼き付けようと、広島市内でも空前の人出となった。〈広島市中区寺町、広瀬北町・昭和39年・提供＝玉井満氏〉

寺町を通過する聖火ランナー
聖火を片手に颯爽と走るランナーの向こう側は寺町。写真左上に、実相寺の屋根が見える。ランナーの背景に見える石垣がある辺りは、現在、中小企業などのビルが建ち並んでいる。〈広島市中区寺町・昭和39年・提供＝玉井満氏〉

広島空港で撮影会①　空港の飛行機をバックに撮影会が開催されたようだ。モデルの女性が寄りかかるのは、マツダのキャロル600。〈広島市西区観音新町・昭和45年・提供＝砂入保雄氏〉

広島空港で撮影会②　写真愛好家たちが、二眼レフ、一眼レフ、レンジファインダーなど、自慢のカメラを手に真剣に被写体に向かう。〈広島市西区観音新町・昭和45年・提供＝砂入保雄氏〉

原水禁運動のデモ行進　昭和29年、アメリカがマーシャル諸島のビキニ環礁で実施した水爆実験で第五福竜丸の乗組員が被曝、うち1人が亡くなったことから、原水爆禁止運動が始まった。「原・水爆絶対反対！」の幕を先頭に、路上をジグザグ行進で進んでいる。広島民衆劇場は同27年に結成された広島小劇場が、翌年に改称した演劇団体。広島のうたごえ運動、平和美術展など文化的な活動も盛んな時代であった。〈広島市内・昭和40 ～ 45年・提供＝原田良造氏〉

広島東洋カープ初優勝に沸く広島市民球場
東京での巨人戦に勝利して優勝が決定した後の凱旋試合となったこの日、市民球場のスタンドは熱狂的な応援団とファンで埋めつくされた。市街地では福屋、天満屋、三越、そごうのデパートが優勝セールで祝い、本通りでも振る舞い酒やジュースが配られた。〈広島市中区基町・昭和50年・提供＝野村伸治氏〉

平和大橋を行く祝賀パレード
市民の球団・広島東洋カープが初めてリーグ優勝を果たした祝賀パレードで、勝利の米俵を載せた先頭の祝い車から古葉竹識監督らがガッツポーズで市民と喜びを分かち合う。市民、選手一丸となって募金をして守った球団。広島市民にとってこれほど嬉しいことはなかったという。〈広島市中区大手町・昭和50年・提供＝熊野拓氏、熊野あつこ氏〉

着物のみやび本店開店　景気づけと縁起を担いで、東京から招いた「め組」が木遣りを披露する粋なセレモニーとなった。本店があるみやびビルには市内でよく知られた中華料理店・第一楼や地元資本の一番古いファミリーレストラン・花だんなどが、テナントとして入っていた。〈広島市中区三川町・昭和50年・提供＝みやび〉

第19回広島県吹奏楽コンクール　基町高校講堂で開催された広島県吹奏楽コンクールに出場した可部高校吹奏楽部の演奏のようす。この時代はアバ、ローリング・ストーンズやビージーズなどの洋楽が日本でも爆発的にヒットしていた。これらの音楽に影響を受け、楽器に触れたいという青少年が増えた時代でもある。吹奏楽は中高生の部活動としても人気があった。〈広島市中区西白島町・昭和53年・提供＝宮川正人氏〉

フラワーフェスティバル'79①　元安川に架かる平和大橋の上から平和公園側を撮影している。現在、フラワーフェスティバルの日は人で埋め尽くされる平和大通りだが、この頃はさほど混んでいないのがわかる。小学校などの参加も見られた時代。〈広島市中区大手町、中島町・昭和54年・提供＝中田恵美子氏〉

フラワーフェスティバル'79②　パレードを終えて広島平和記念館前に到着した平清盛の花車。当初は田中町〜平和記念公園間をパレードしていたが、現在は平和公園内に入ることができないため、西平和大橋を渡り、土橋町の中国新聞社あたりで終点としている。〈広島市中区中島町・昭和54年・提供＝中田恵美子氏〉

自衛隊海田駐屯地の開放日　普段触れられない自衛隊車両に乗り込む子どもたち。直接触れることができる機会を通じて、地域と自衛隊駐屯地とのコミュニケーションを図り、広報活動の一環ともなっている。〈安芸郡海田町寿町・昭和56年・提供＝坪井美保氏〉

広島県立体育館で開催されたモーターショー　スーパーカーブームから外車ブームへ、子どもたちの夢と憧れの車が展示された。その子どもたちがやがて成長して新時代の自動車を作り、現在では環境に配慮されたハイブリッドカーや電気自動車が主流の時代になった。〈広島市中区基町・昭和59年・提供＝藤井千鶴子氏〉

青少年センターのビッグジャンボリー　国連が提唱する「国際青年年」のこの年、青少年センターで活動する青年たちによる、ビッグジャンボリーが似島で開催された。桟橋から島の反対側にある、似島臨海少年自然の家（現ユーハイム似島歓迎交流センター）まで歩く参加者たち。ビッグジャンボリーは、参加者たちの若い熱と力で、大いに盛り上がった。〈広島市南区似島町・昭和60年・提供＝野村伸治氏〉

第16回ＲＣＣこども音楽フェスティバル　当時は、放送局主催の子ども向け音楽フェスティバルやコンクールがよく行われていた。合唱するのは、東海田小学校の児童たち。〈広島市中区白島北町・昭和61年・提供＝坪井美保氏〉

海と島の博覧会のメイン会場　人気アトラクションのスウィングシャトルの前で撮った一枚。平成に元号が変わってから開催された博覧会は、久しぶりに賑わう広島の一大イベントとして、まるでテーマパークのようだった。来場者は、来《きた》る未来を肌に感じて興奮していたという。〈広島市西区扇・平成元年・提供＝山本由紀氏〉

アジア大会'94の会場となったビッグアーチ　メイン観覧席の屋根が大きなアーチを描く。アーチの下、中央に聖火台が見える。アジア中から集まった選手たちによる熱の入った競技を見ようと連日満員御礼だった。ビッグアーチと呼ばれた広島広域公園陸上競技場は現在、ホットスタッフフィールド広島となっている。〈広島市安佐南区大塚西・平成6年・提供＝熊野拓氏、熊野あつこ氏〉

水辺のコンサート　「水の都構想」の取り組みとして元安川親水テラスなど、水辺の公共スペースを使い、プロ、アマチュアを問わず「水辺のアーティスト」たちによるコンサートを開催する機会が設けられた。鑑賞は無料で、橋や川沿いのベンチから演奏を楽しむ人がみられ、川の街らしい賑わいを感じる。写真は温品中学校・吹奏楽部の演奏のようす。〈広島市中区中島町・平成22年・提供＝髙山希望氏〉

アジア大会'94の聖火台　上空に浮かぶ同大会の飛行船を眺めながら、これから始まるさまざまな競技に、観客たちは胸を高鳴らせていた。〈広島市安佐南区大塚西・平成6年・提供＝熊野拓氏、熊野あつこ氏〉

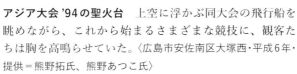

「ひろしまドリミネーション」のかぼちゃの馬車　官民共同事業として、昭和63年にスタートしたイベント。当初は「ひろしまイルミネーション」として始まり、平成14年に「ひろしまドリミネーション」と改称して、おとぎの国を統一テーマに開催されるようになった。広島市としても一大事業となり、事業費や電球も増やして毎年大盛況となっている。市民が幻想的な世界に心踊らせる冬の風物詩である。〈広島市中区大手町・平成22年・提供＝森貴子氏〉

阿武の里団地土砂災害状況　平成26年8月20日の豪雨で被災した地域は数多くあった。その一つである安佐南区八木3丁目の阿武の里団地。写真提供者の自宅は道路沿いの生垣によって守られたが、すぐ下と正面の家は土砂に流されてしまった。この地域一帯は立ち退きとなり、住み慣れた町から移転を余儀なくされた。〈広島市安佐南区八木・平成26年・提供＝陰山哲章氏〉

特集◆

平和記念公園と原爆ドーム

元安橋付近から産業奨励館を写す　原爆投下から3カ月以上が過ぎていた頃か、復興への兆しが見られはじめていた。産業奨励館（原爆ドーム）の右隣にトラックが、また相生橋の旧鷹匠町寄りに人の姿が見えている。誰彼なく広島の復興は名もなき人びとから始まっていた。〈広島市中区中島町、大手町・昭和20年末〜21年初頭・Randy.N.Wentling氏寄贈、広島平和記念資料館所蔵〉

その昔、と言っても戦前のことではない。

昭和三十年代、高度経済成長期のさなか、団塊世代の私たちは「お気楽」な子ども時代を送っていた。

当時、私が通っていた比治山小学校では、学校から平和記念公園まで歩いて遠足に行った。その頃、原爆ドームの前を流れる元安川や、付近の川には貸しボート屋があり、若いカップルや学生たちが楽しそうにボートを漕いでいた。子ども心に、自分もいつか乗ってみたい、と思ったものだ。でも、ボートに乗らなくても広島の川は子どもたちにとって、泳いだり、シジミ貝を取ったりする「水遊び場」だった。

中学生になると、中間、期末など定期テストの最終日には決まって仲の良い友人たちと平和記念公園へ行き、フェニックスの側らで日が暮れるまでおしゃべりしていた。

昭和二十年八月六日、広島の川は被爆者の死体でいっぱいだったことも忘れて。

二〇年前、私の母が亡くなった時のこと、整理していた遺品の中に広告の裏紙があり、そこには母の被爆体験が書き残されていた。それを見つけたときの衝撃と後悔の気持ちは、とても言葉で言いあらわせない程だった。爆心地から一・七キロ離れた東観音町で被爆した母は、生前に詳しい話をすることはなかったのだ。

私は、母が書き残した辛く苦しい体験を読み、自分の役目としてこれを後世に伝えなくてはいけないと思った。

そして今、私はヒロシマ ピース ボランティアのガイドとして、また被爆体験伝承者として活動している。

被爆から七九年、深い木々の緑に囲まれた平和記念公園には、国内、海外から大勢の観光客が来訪し、広島市は国際平和都市として賑わっている。

原爆ドームの対岸に設けられた元安川親水テラスでは、平和を願うコンサートや各種イベントが開かれ、平和記念公園は市民が憩う場となっている。

でも、その足元では、一発の原子爆弾で大勢の人びとが亡くなられたことを忘れないでいたいと思うのである。

（武田公子）

商工会議所から産業奨励館を写す　産業奨励館の右側には旧猿楽町（現大手町）から旧中島本町（現中島町）、旧鍛冶屋町（現本川町）、旧塚本町（現堺町）方面が見わたせる。手前の川は元安川で、三角州の向こうの川は本川。写真の右上は本川橋、左上の橋は旧天神町（現中島町）から大手町に架かる新橋と思われる。左側は旧細工町（現大手町）から大手町方面が写り、元安川に架かる元安橋が見える。大手町から橋を渡ると旧天神町（現中島町）だが、瓦礫の荒野だ。元安橋の後方、ちょうど川が湾曲している辺りは、大手町2丁目から5丁目までが写っている。この辺りに第1章の絵葉書に出てきた吉川旅館など、割烹旅館が並んでいたが、まったく跡形もない。昭和20年10月6日に撮影された2枚を合成した。〈広島市中区大手町、中島町・昭和20年頃・米国立公文書館所蔵〉

原爆投下から1年後の広島　1年を経た8月3日の撮影で、本川寄りの旧中島本町（現中島町）から爆心地付近を写す。瓦礫の中に少しずつ建物が見え始め人の姿もわずかにあり、被爆後数カ月の写真と比べて建物が復旧されていることが奇跡のように思える。写真中央左は相生橋、そのそばに建つ建物は、復旧された商工会議所。産業奨励館（原爆ドーム）後方の山は二葉山。建物がないので山がとても近くに見えている。〈広島市中区中島町、大手町・昭和21年・米国立公文書館所蔵〉

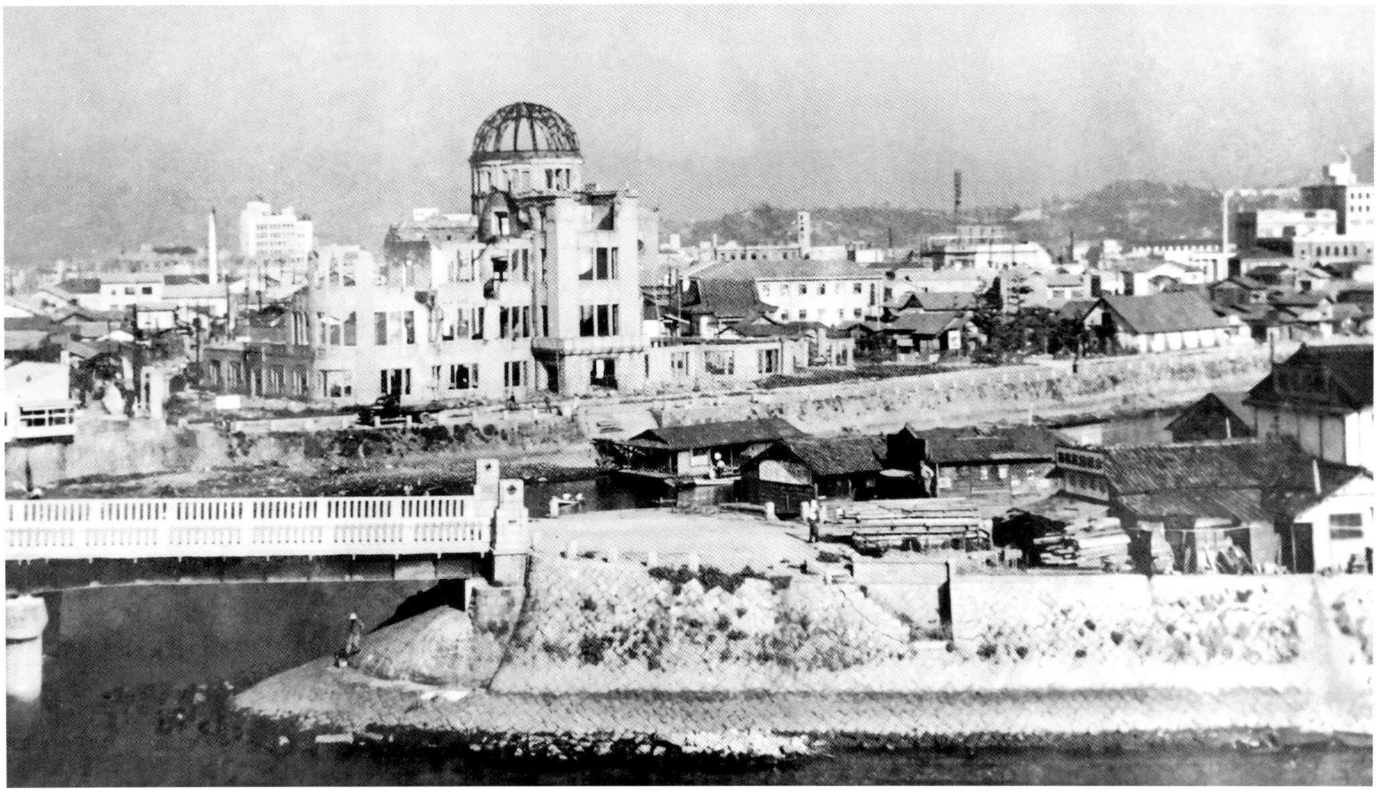

原爆ドームと大手町方面　本川小学校から撮影している。左奥の煙突の右に見えるのは福屋百貨店。ドームの右下に現在もある西向寺が、右後方に比治山が見える。手前にある相生橋に接続されている三角州は現在の平和記念公園の北側端になる。この界隈はかつての材木町でもあったため昭和25年頃には材木の会社が再築されたり、バラックが建てられていた。平和公園が開園された同29年頃には事業者は移転、自宅を構えた人も立ち退きを余儀なくされた。〈広島市中区中島町、大手町・昭和25年頃・個人蔵〉

夏の元安川　原爆ドームを現在の親水テラス付近から写真提供者の義父が撮影した一枚。昭和の時代に運営されていた貸しボート屋「あいおい」が見える。平成元年7月にリバークルーズが運行される頃には姿を消していた。夏の日中、川でボート遊びをする人びと、実にのどかな雰囲気だ。〈広島市中区大手町・昭和25年・提供＝塩井京子氏〉

青年たちの平和への歩み　写真提供者が結核を患い大学を休学していた頃、短歌の創作を勧められて結社に入った。その当時のかけがえのない仲間たちとの写真という。戦時下で夢や希望を奪われた若者が、戦後の焼け野原ですべてを失い、「生きるとは」という課題を誰もが抱えていた時代でもある。この頃少しずつ今でいうサークル活動のようなものができ、生きる意味を見出そうと若者が一歩を踏み出し始めていた。現在の平和記念公園内千羽鶴の塔の南方辺りで撮影。まだバラックが多く建てられていた。〈広島市中区中島町・昭和25年・提供＝森下弘氏〉

平和と文化への一歩　まだ造成中の平和公園では、文化芸術普及に尽力する人びとが活動していた。その中には広島のバレエの草分けである葉室潔と同志の姿もあった。野外でバレエのポージングを決めるパフォーマンスは観衆の心をときめかせたことだろう。カメラを持つ人は、ここぞとばかりに撮影をしていた。この翌年、平和記念館が竣工する。〈広島市中区中島町・昭和29年・提供＝福重くるみ氏〉

原爆ドームの中で撮影　この頃はドーム内に入って写真撮影をする人は少なくなかったようだ。元々はヨーロッパ風の美しい建物だったこともあり、崩落した姿も絵になったのだろうか。〈広島市中区大手町・昭和29年・提供＝内田恵子氏〉

広島市戦災死没者供養塔　昭和21年に建立された。高さ6メートルで、当時は木材不足のため簡易的な張りぼてだった。塔の建築は被爆直後、慈仙寺（現在の原爆供養塔界隈）が臨時火葬場となり、身元不明の遺体が火葬されたことから、同年に広島市戦災死没者供養会が設立され、遺骨収集と供養が行われたのが発端。供養塔完成後、遺骨収集作業が行われ、各町内会が自主的に遺骨を収集し追善供養を実施した。現在の供養塔は30年に建設され、直径16メートル、高さ3.5メートルの塔となり、芝で覆われている。〈広島市中区中島町・昭和29年・提供＝内田恵子氏〉

原爆ドーム前　左側に元安川が流れ、右に道路がある。当時ドームの前には、青ネギなどが植えてあったという。まだ生活がままならず仮住まい（バラック）で暮らす人たちの畑だったのかもしれない。父親が公務員で、当時江波西の官舎に住んでいた写真提供者は、東京から来た親戚のお姉さんを案内して、兄と共に記念撮影した。〈広島市中区大手町・昭和29年・提供＝尾田邦子氏〉

被爆10周年の原爆記念日を迎えて　原爆資料館から撮影している。当時はまだ木も育ちきっておらず、現在のレストハウスや原爆ドームまでの人波も見渡せる、まだ発展途上の平和公園だ。右手に元安川が流れる。〈広島市中区中島町・昭和30年・提供＝小池忠人氏〉

平和記念館で国際ロータリー開催　第64区年次大会が開催された。国際ロータリーは、明治38年アメリカのシカゴでポール・ハリスによって設立された国際的な奉仕団体。特定の政治や宗教にかかわらず、すべての文化、人種、信条に開かれた団体として世界の親善と平和の確立に寄与する。写真右が写真提供者の父親。〈広島市中区中島町・昭和30年・提供＝内田恵子氏〉

第27回メーデー集会　平和記念館前に仮設舞台が組まれ、多くの労働者を集めて行われた。〈広島市中区中島町・昭和31年・提供＝小池忠人氏〉

原爆資料館から撮影された原爆記念日　被爆から10年後の原爆記念日を迎えた広島平和記念公園には、まだバラックが建っている。戦後にこの辺りで生活を始めた人たちは、すぐに転居できる状況ではなかった。当時は原爆ドームの周囲にもまだ家はあった。写真上部の山肌が見えているところは、竜王町や山手町あたりだろうか。この辺りの開発も少しずつ始まっていたことがうかがえる。〈広島市中区中島町・昭和30年・提供＝小池忠人氏〉

平和の鐘　精神文化運動のシンボルとして昭和39年に「原爆被災者広島悲願結晶の会」が建立した。鐘の表面には「世界は一つ」を象徴する、国境のない世界地図が浮き彫りになっている。奥の工事中の建物は広島商工会議所で、被爆後もこの場所にあったが同40年に新たに建て替えられた。基町相生通地区市街地再開発事業により商工会議所も生まれ変わることになり、令和6年9月30日に建物の起工式が行われ、新たな歴史の一歩が始まった。〈広島市中区中島町・昭和39年・撮影＝瀬戸原行信氏、提供＝瀬戸原博昭氏〉

原爆の子の像　被爆した佐々木禎子さんの同級生らが「原爆で亡くなったすべての子どもたちのために慰霊碑をつくろう」と、昭和33年5月5日に完成した。高さ9メートルの像の頂上で折鶴を捧げ持つ少女のブロンズ像に、平和な未来への夢を託す。後方は原爆ドーム、右手に市民球場（初代は昭和32年開場）が見える。〈広島市中区中島町・昭和33年・撮影＝瀬戸原行信氏、提供＝瀬戸原博昭氏〉

嵐の中の母子像　高さ1.5メートル、幅1.6メートル、奥行き65センチのブロンズ製で彫刻家の本郷新によるもの。右手で乳飲み子を抱え、左手で幼児を背負おうとする前かがみになった母の生きる姿勢を表す。昭和35年8月5日に建てられた。〈広島市中区中島町・昭和37年・提供＝藤井千鶴子氏〉

慰霊碑の前で　広島市や安芸郡などの学校では小さい頃から平和教育があり、幼児から高校生までが平和活動に参加する機会があった。現在では、それぞれの教育機関、学校に委ねられており、機会も少なくなっているという。〈広島市中区中島町・昭和42年・提供＝福重くるみ氏〉

観音高校生徒による慰霊祭　西平和大橋東詰を本川沿いに基町方面に行った辺りにある広島県立広島第二中学校慰霊碑に向けて、公会堂西側で、第二中学跡地にある県立観音高校の生徒が、毎年8月6日前に追悼と平和の祈りをこめて式典を行う。写真は平和の歌を合唱しているところ。〈広島市中区中島町・昭和45年頃・提供＝瀧口秀隆氏〉

子どもたちと平和記念公園に　免許取り立ての頃、写真提供者は車で五日市町から平和公園までドライブした。左後ろは、警察の平和公園交番所で、右が原爆資料館。当時は交番の後ろにあった売店で、鳩の餌を購入できた。この辺りまで車を乗り入れる人もいた。〈広島市中区中島町・昭和45年・提供＝梶本奈三枝氏〉

被爆25年目の平和記念式典　この頃は式典のクライマックスで、平和の象徴である鳩を、平和記念館の上から解き放っていた。〈広島市中区中島町・昭和45年・提供＝瀧口秀隆氏〉

被爆25年目の夏　原爆供養塔前で手を合わせる女性。被爆から25年、家族や友だちなど大切な人を亡くした深い悲しみはもちろん、手を合わせる姿から、25年を経てこの凄惨な出来事を二度と起こしてはならないという決意が込められた祈りが、ひしひしと伝わる。〈広島市中区中島町・昭和45年頃・提供＝瀧口秀隆氏〉

平和記念館の下で　平和公園、平和記念館が完成して18年が経った頃。写真右側が祈りの泉（噴水）のある方向で、左側が慰霊碑のある広場、真後ろは資料館。胸の前で手をクロスさせポーズをとる少年は、この時何を思っていたのだろうか。〈広島市中区中島町・昭和48年・提供＝藤井千鶴子氏〉

資料館の前からズームイン　当時、朝の情報番組として人気があった「ズームイン!! 朝！」。放送後に、定番だった全国のお天気コーナーの温度計の前で、お天気レポーター風に写した一枚。〈広島市中区中島町・平成元年・提供＝山本由紀氏〉

4 記憶の中の街並み、懐かしい風景

一五歳で奉公のために田舎より出て来た広島は、原爆投下から一〇年が過ぎていた。その街並みは、まだまだ原爆の傷跡をあちこちに残しつつも復興への希望を感じる街であった。

奉公先があった己斐橋周辺は、バラック建てと言って良いほどの木造住居がまだ多く、川向うには屠殺場（後の広島食肉市場）が見えていた。

太田川は整備がされておらず、草が生い茂る自然のままの姿だった。

まだ若く未熟者だった私は、つらい時にはその川土手に座り、故郷を想いながら川の流れを眺めては頑張ってきたものだ。

奉公を終え、次に勤めた広島大学工学部はその当時、千田町キャンパスから電車通りを挟んで少し離れた現在の「健康づくりセンター」や「千田公園」、「県立図書館」などがある場所に位置していた。

千田町一帯の広大《こうだい》なキャンパスは学生街として栄え、まだ下駄や着流しで颯爽と歩く学生たちも見受けられた。

昭和三十九年、結婚を機に居を構えた五日市は、広島市との合併前で佐伯郡五日市町といっていた。まだ近くの小川にホタルが舞い、その季節になると広島市内からホタルを見に来る人たちが見られた。建物は点在し蓮華畑が広がる長閑な町で、五日市観音小学校は木造校舎で、そのあたりからは楽々園の沖（海）が見えるほど建物が少なく、広島市内に比べるとかなりの田舎であった。近くの広場では「牛ノ市」が行われていた。牛は当時まだ食肉以外にも労働力として活躍していたため「牛ノ市」は随分賑わっていたことをよく覚えている。

広島市に移り住んで約七〇年、時には景色を見る余裕もなくひたすら頑張り生き抜いてきた。

街並みは少しずつ変わっていき、原爆の面影を感じられる場所は少なくなってしまったが、この地で原爆から再び力強く立ち上がり、街を廃墟から復興させた広島の人びとの力強さと無限の可能性を感じる街となった。

（梶本奈三枝）

立町電停付近から八丁堀を望む　写真の中央、通りの右側には昭和4年広島市内で最初に開業した百貨店・福屋。その向こうの建物は映画館・東洋座で屋上にはトリスウイスキーの巨大な広告塔が見える。中央通りを挟んでさらに奥の建物は天満屋。〈広島市中区立町、八丁堀・昭和37年・撮影＝田栗優一氏〉

相生橋と広島県商工経済会　本川小学校から相生橋の方向を撮影。真ん中の背の高い建物が広島県商工経済会（商工会議所）。この後ろが、現在のゲートパーク（旧市民球場）になる。この頃、天皇（昭和天皇）や皇太子（現上皇）が来広の際には、市民奉迎場になっていた。後ろに見える山は、牛田方面の神田山と牛田山。〈広島市中区基町・昭和25年頃・個人蔵〉

電車通りから写した原爆ドーム付近　電車通りを背に南を向いて撮影している。人の暮らしが戻ってきた頃で、東側の川端に飲食店などの商店が並んでいる。〈広島市中区大手町・昭和27年頃・提供＝原田良造氏〉

平和大橋西詰から東を望む　昭和27年、元安川に架けられた橋で、デザインはイサム・ノグチによる。今では広島市の景観になじんでいる斬新なデザインの欄干だが、周囲に大きな建物もない復興途中の町の中ではひときわ異彩を放ったことだろう。〈広島市中区中島町、大手町・昭和30年頃・提供＝原田良造氏〉

整備中の平和記念公園　慰霊碑越しに見えるのは昭和30年8月6日に竣工する広島平和記念館。その向こうに中島町の町並が見える。〈広島市中区中島町・昭和30年頃・提供＝原田良造氏〉

上空から見た平和大通り　セスナ機上から建設中の平和大通りを東方向に望んでいる。昭和21年の広島復興都市計画に基づいて整備が始まったが、写真の当時はまだ広いだけの道だった。〈広島市中区大手町・昭和29年・提供＝内田恵子氏〉

電通広島支店の前で　当時、放送劇のサークルに所属していた写真提供者が仲間たちと写した一枚。〈広島市中区袋町付近・昭和32年・提供＝森下弘氏〉

天満屋　昭和29年に広島天満屋として八丁堀に木造2階建てで開業。同30年に地上5階、地下1階の鉄筋コンクリート造のビルに改築し、翌年に岡山の天満屋と合併して天満屋広島店となった。右手前には福屋、奥に三越が並ぶ。〈広島市中区八丁堀、胡町・昭和49年・提供＝森長俊六氏〉

福屋デパート屋上から西を望む　県道164号（旧国道2号）の電車通りに沿って、右端手前が東映映画館（現在のハンズ広島店）、その隣の東京銀行がある建物は現在、複合ビル・スタートラム広島となっている。写真中央のビルは昭和33年に建設された広島朝日ビルで、映画館・朝日会館や三和銀行が入っていた。街並みの背後に連なる山の左端奥に見えるのが茶臼山。〈広島市中区胡町、八丁堀・昭和35年・提供＝瀧口秀隆氏〉

大手町2丁目付近から袋町方向を見る　左手の白い建物には当時らーめんセンターBIZENYAがあった。現在は別の飲食店が入り、手前の駐車場の場所にはビルが建っている。正面の明治生命ビルは建て替えられている。〈広島市中区大手町・平成6年・提供＝熊野拓氏、熊野あつこ氏〉

カープ初優勝を祝う金座街　昭和4年に創業した福屋百貨店とともに発展した商店街で、アーケードは同36年に設置された。この年、広島カープが悲願のセ・リーグ初優勝を果たし、「祝V1達成」の飾りとともにカープナインのポスターが飾りつけられた商店街は、お祝いムードに沸いた。この2年後にアーケードは改修される。〈広島市中区堀川町・昭和50年・提供＝砂入保雄氏〉

金座街を訪れた2人　写真の男性2人は仕事で訪れた金座街を歩いているところという。髪をバッチリ決めて幅の広いネクタイと、ダブルのジャケットで颯爽と歩く姿をパチリ。〈広島市中区本通・昭和24年・提供＝内田恵子氏〉

新天地付近で行商　八丁堀から平和大通りまでを縦に繋ぐ中央通りで行商販売をする女性。通り沿い、交差点の向こうに四国銀行の看板が見えることから、現在のドン・キホーテ辺りか。この頃までは街中でも行商販売を見かけ、人びとも足を止めていたが、大型スーパーが増えた頃から激減していったようだ。〈広島市中区新天地・昭和55年・提供＝瀧口秀隆氏〉

えびす通商店街　胡子神社付近からえびす通りを西に向いて写していると思われる。右側にお好み焼き・徳川、左側に高木屋の看板が見える商店街には「それ行け!!カープ」の吊り看板が下がる。〈広島市中区胡町、堀川町・昭和50年・提供＝砂入保雄氏〉

本通商店街　広島東洋カープのセ・リーグ初優勝を祝う吊り看板のポスターは、チームを優勝に導いた背番号72番、古葉竹識監督。商店街の入口右側の永井紙店は、室町時代に現在の滋賀県長浜で創業した歴史ある老舗。〈広島市中区本通・昭和50年・提供＝砂入保雄氏〉

年の瀬の本通商店街　商店街に掛かるアーチ看板は、立町にあったラッキー映画劇場の上映作品を宣伝している。この写真から2年後の昭和29年に本通商店街のアーケードが完成するが翌年の大雪で倒壊、同37年に再建された。〈広島市中区本通・昭和27年・提供＝原田良造氏〉

いづみ　昭和36年に株式会社いづみとして設立、第1号店としてスーパーいづみ八丁堀店がオープンした。その後、同48年に郊外型のショッピングセンターとして祇園店を出店するなど地元の大規模スーパーとして急成長した。同55年に株式会社イズミに名称を変更している。写真の建物は、現在のドン・キホーテ広島八丁堀店の場所にあった。〈広島市中区新天地・昭和50年・提供＝砂入保雄氏〉

第一産業　昭和22年に大手町で創業し、その2年後に紙屋町に移転した。写真は「ハイライフプラザ第一産業」の看板を掲げる紙屋町の本店ビル。垂れ幕とアドバルーンでは、広島東洋カープのセ・リーグ初優勝を祝っている。その後デオデオ、さらにエディオンへと変遷している。〈広島市中区紙屋町・昭和50年・提供＝砂入保雄氏〉

デパートのおもちゃ売場　乗り物の模型の売り場で、真剣に品定めする兄弟とその母親。写したのは父親。休日にデパートへ出かけるのは一大イベント。母親は和装、子どもたちは「お出かけ」用に学生帽を被っている。場所は福屋か天満屋か。〈広島市内・昭和39年・提供＝森長一宏氏〉

紙屋町交差点付近　現在のエディオン広島本店前から紙屋町交差点方向を写している。左側の建築中の建物は、広島バスセンターが百貨店のそごうを誘致して完成間近の広島センタービル。バスターミナルはビルの3階に設置された。〈広島市中区基町・昭和49年・提供＝森長俊六氏〉

基町にあった商店街　現在のこども文化科学館付近から北を見ている。当時、「基町本通り商店街」と呼ばれていた通りには、さまざまな商品を扱う店が並び、交番や診療所などもあった。正面の建物は市営基町高層アパート。〈広島市中区基町・昭和49年・提供＝森長俊六氏〉

吉島の貯木場　江波方面を望んでいる。写真提供者はよく材木の上に乗って釣りをしていたという。付近一帯はこのあと埋め立てられて南吉島地区となり、昭和41年に三島食品が工場を移転。同52年にはごみ処理施設・中工場の熱を利用した広島市初めての温水プール・吉島屋内プール（令和５年に移転）が開場した。写真は町がちょうど変化する頃を撮影した貴重な一枚。〈広島市中区吉島新町・昭和39年・提供＝安村耀嗣氏〉

旧長寿園付近　「長寿園」は戦前まで広島一の桜の名所だった。明治末、太田川河川敷に桜が植えられたのが始まりで、大正の終わり頃には多くの花見客で賑わった。しかし昭和10年代には樹勢が衰え始め、戦後は都市計画により伐採された。跡地には同40年代半ばから長寿園高層アパートの建設が開始されることとなる。〈広島市中区西白島町・昭和25年・提供＝森下弘氏〉

広島センタービル　昭和49年に開業。バスセンター・そごう広島店・専門店街が入った地上10階、地下２階建ての大規模複合ビル。写真は翌50年の撮影。広島カープのセントラル・リーグ初優勝を祝う垂れ幕も掛かっている。〈広島市中区基町・昭和50年・提供＝砂入保雄氏〉

カープ初Ｖ　昭和50年10月15日、広島東洋カープが初めてセントラル・リーグで優勝した。市民球場には、18日に行われる対中日戦の宣伝幕が見えるので、優勝が決定した直後の写真と思われる。20日には平和大通りで優勝パレードが行われ、30万人の市民が押し寄せた。〈広島市中区基町・昭和50年・提供＝砂入保雄氏〉

城南通り付近から南を望む　「広島城南」の信号機がある丁字路から見ている。県道54号沿いの右奥のビルは広島センタービル。〈広島市中区基町・昭和50年・提供＝砂入保雄氏〉

広島城天守閣から見た基町高校　広島市立中学校を前身とする同校は昭和22年に現在地である広島陸軍幼年学校跡地に移転。学制改革により翌23年に城北高校となり、24年に現校名に改称した。校舎の奥にそびえ立つのは長寿園高層アパート。〈広島市中区基町・昭和49年・提供＝森長俊六氏〉

京橋川沿い　栄橋の西詰付近。現在、川沿いは遊歩道がありさらに整備されている。左側の建物は学習塾英進館鯉城学院になっている。〈広島市中区上幟町・平成２年・提供＝森苗月氏〉

基町の児童遊園地　児童文化会館や児童図書館に隣接していた。昭和27年に寄付により建設された公園で、写真の水鳥池や小さな動物園、すべり台などの遊具もあった。今の青少年センターとこども文化科学館の間辺りである。〈広島市中区基町・昭和35年頃・提供＝陰山哲章氏〉

基町団地の「星形アパート」　県営基町団地に昭和30年代後半から建てられた住宅棟。鉄筋造りの５階建てで基町団地に６棟あった。全体がＹ字型になっていて上から見ると星のような形から「星形アパート」と呼ばれた。平成27年頃に解体され今はない。〈広島市中区基町・昭和44年・提供＝森長俊六氏〉

建設中の基町高層アパート 広島市中央公園で凧揚げをしている正月の光景。その背後に見えるのが基町高層アパート。太田川沿いの不法建築住宅を解消して住宅を供給することを主な目的とした再開発であった。「く」の字型住棟型式の高層住宅で、8階から20階までの3棟、計2,964戸が建設された。昭和53年10月に再開発事業は完了した。広島中央公園は現在エディオンピースウイング広島となっている。〈広島市中区基町・昭和49年・提供＝森長俊六氏〉

広島城方面を望む 広島城の北側から南方面を望んでいる。広島城の手前に見えるかまぼこ型の建物が、基町高校の体育館（99ページ）。写真の奥には建設中の基町高層アパートが見える。〈広島市中区西白島町・昭和49年・提供＝森長俊六氏〉

八丁堀西交差点 広島銀行の横から金座街方向を見ている。「八丁堀通」のアーチ看板には呉市の三宅本店が醸造する千福（センプク）の看板が掛かる。〈広島市中区八丁堀・昭和37年・撮影＝田栗優一氏〉

小林正肉店　一番左のテントの店が昭和42年に創業した小林正肉店。令和6年の今も地域に愛され、また遠方からも多くの人が来店する人気店。地元アナウンサーや芸能人もよく訪れ、平成10年にはタレントのコロッケが番組のロケで来て、コロッケを買ったという話も。写真奥は比治山橋。〈広島市中区昭和町・昭和48年・提供＝小林正肉店〉

南竹屋町付近　現在の南竹屋町交差点付近から北西方向を向いている。建設中の道路は現在の国道2号新広島バイパス。道の反対側に見える白いポールはガソリンスタンドで、現コスモ石油セルフステーション竹屋町の場所である。新広島バイパスは、市内の交通緩和を目的として昭和37年に着工。同40年度に平田橋の建設も着工し、41年12月に安芸郡海田町から市内観音町までを結ぶバイパスが完成した。〈広島市中区竹屋町・昭和35年頃・個人蔵〉

的場町繊維街にあった丸昇　同社は昭和27年に呉服の卸売を開始、同32年に京呉服卸売の丸昇を設立した。50年に商号をみやびへと改め、平成4年に株式会社みやびへ移行している。〈広島市南区的場町・昭和38年・提供＝みやび〉

丸昇の女性従業員たち　的場町繊維街は現在、繊維関連の店は10軒ほどに激減し、代わりに飲食店やホテルの進出が増えてきている。〈広島市南区的場町・昭和38年・提供＝みやび〉

広島駅北口周辺　中央奥の建設中のビルは日商岩井光町ハイツ。昭和49年に竣工した当時は、高級感あるマンションとして新幹線口のランドマーク的存在だった。今も同じ場所にあるが、手前（南側）にはビルが建ち、この写真とは違う景色になっている。〈広島市東区光町・昭和45年頃・提供＝砂入保雄氏〉

二葉山山頂でひと休み　広島駅北側にある二葉山は、標高139メートルの低山。山頂は公園のように整備されており、広島の街が一望できるとあって訪れる人も多い。広島駅からも見える銀色の塔「二葉山平和塔」が建つのもここで、昭和41年に日本山妙法寺が建立した。〈広島市東区光が丘・昭和43年・提供＝福重くるみ氏〉

京橋川沿いに建つ食堂　饒津神社前から撮影されている。京橋川の向こう岸（写真奥）が白島九軒町。左奥には新幹線の高架があり、さらに奥に市民球場、そごう広島店が入る基町の広島センタービルも見える。右奥は白島北町の長寿園高層アパート。〈広島市東区二葉の里・昭和55年・提供＝瀧口秀隆氏〉

二又川通りの石灯籠　東区牛田早稲田1丁目付近で、右奥へ進むと広島女学院大学へ至る。二又川は平成15年度に完了した都市基盤河川改修事業で写真の辺りは暗渠化されている。右の石灯籠は現在はない。〈広島市東区牛田早稲田・昭和49年頃・提供＝瀧口秀隆氏〉

東区空撮　南区段原上空から東区方面（東）を撮影。写真右手前が猿猴川。手前中央が荒神町小学校、中央の線路群辺りは東駅町。写真右端下方向に現在はマツダズーム・ズームスタジアム広島がある。中央の山陽新幹線の線路を境に、南区と東区に分かれる。線路に突き出た山は東山町で、その左が尾長、右が矢賀になる。〈広島市内・平成元年・提供＝川本宏幸氏〉

広島駅南ロータリーと広電停車場　ロータリーにはボンネット型のバスが停まっている。駅前は整備されているが、写真の左側一帯にはまだ多くのバラックが残っていた。〈広島市南区松原町・昭和27年・提供＝原田良造氏〉

広島駅南口　この頃になると広島駅前の整備はほぼ完了している。写真正面は昭和27年に建設された地上3階、地下1階の広島百貨店。右側にこの年、広島民衆駅が開業する。〈広島市南区松原町・昭和40年・提供＝崎藪清蔵氏〉

桜馬場踏切　広島駅西の山陽本線を渡る長い踏切。写真奥に進むと広島東照宮があり、戦前までは踏切を渡った辺りから東照宮まで桜並木があった。江戸時代、西国街道の松原から続く参道の桜並木は、風光明媚な名勝として有名だった。現在はこの上に線路をまたぐ駅西高架橋が、下には駅西地下道が通り、踏切はなくなった。〈広島市東区上大須賀町・昭和42年・提供＝大田哲雄氏〉

広島百貨店　建物には広島東洋カープ優勝を祝う横断幕が飾られている。カープは昭和50年10月15日に優勝、25日から日本リーグが始まっているのでその頃の撮影だろう。広島百貨店は同27年に開店、写真の広島駅前に通じる歩道橋も30年の建設で、駅前区画整理事業の初めの時期に両方とも完成している。〈広島市南区松原町・昭和50年・提供＝砂入保雄氏〉

広島駅南口前　平成６年10月に開催される「第12回アジア競技大会広島1994」のカウントダウン看板が写る。その後ろの建物は広島百貨店。上写真の屋上では「ナショナル」の広告だったが、この頃には「パナソニック」の表記も掲げられている。この後広島百貨店一帯は広島駅南口再開発の対象となり、同11年に福屋広島駅前店を核とするエールエールＡ館が開業する。〈広島市南区松原町・平成６年・提供＝熊野拓氏、熊野あつこ氏〉

広島駅周辺を空撮　的場町上空から広島駅方向を撮影している。中央縦に伸びる駅前通りを挟んで手前左側にあるのが広島シティホテル（現広島グランドインテリジェントホテル）。広島駅前の右側、東芝の看板があるビルはホテル川島（現在は Big Front 内に移転）。左側には広島百貨店があり、さらに左端に視線を移すとダイエー広島駅前店が見える。〈広島市内・平成元年・提供＝川本宏幸氏〉

原爆傷害調査委員会広島研究所　女学生の背後に写る建物が、昭和25年に比治山に建設された原爆傷害調査委員会（ＡＢＣＣ）の建物。原爆による傷害の実態を調査するためのアメリカの研究機関で、現在の放射線影響研究所の前身である。〈広島市南区比治山公園・昭和30年・提供＝福重くるみ氏〉

比治山公園　明治36年に一般に無料開放された広島市初の公園。爆心地から約２キロの距離で、原爆投下直後は多くの人が避難してきて園路や木陰にあふれていたという。戦後は整備が進められ、写真の後の昭和31年に展望台が完成。翌32年には山頂展望台に通じる大階段と休憩所の造成が進められた。〈広島市南区比治山公園・昭和28年・提供＝内田恵子氏〉

比治山から市内中心部を望む　展望台（富士見台）から眼下を見ている。中央やや右の木橋は二代目鶴見橋。右端の木の下に見える白っぽい塔は、昭和29年に完成した世界平和記念聖堂（カトリック幟町教会）。〈広島市内・昭和33年頃・提供＝矢野久美子氏〉

宇品線の線路で遊ぶ　旧上大河駅で子どもたちが遊んでいる。広島と宇品港を結ぶ国鉄宇品線は、昭和47年に旅客列車が全廃となり、写真の上大河駅も使用されなくなった。47年以降、廃止される61年まで貨物列車が運行された。貨物は通常、早朝に1往復のみだったという。そのため昼間は線路で遊べた。線路の先に小さく見える踏切を右へ行くと広島大学医学部附属病院（現広島大学病院）へ至る。奥にうっすら見えるのは二葉山。〈広島市南区霞・昭和55年頃・提供＝瀧口秀隆氏〉

宇品から東方面を空撮　南区宇品東3丁目辺りから丹那町、黄金山町、仁保沖町方面を望んでいる。写真左端下は翠町小学校、中央下が中国自動車学校。黄金山の左山頂に建つ白い建物は、NTT 旧中継所で南大河地区。山の中腹住宅群は丹那新町、その下は丹那町。右端のマツダ宇品工場から橋を渡ったところが向洋新町。〈広島市南区・平成元年・提供＝川本宏幸氏〉

黄金山のテレビ塔　当時は RCC 中国放送と広島テレビの送信所があった。写真の電波塔は広島テレビのもの。この後、下辺りにレストハウスができるが現在は展望台になっている。写真のテレビ塔も地上デジタル放送への移行により今はない。〈広島市南区黄金山町・昭和37年・提供＝安村耀嗣氏〉

マツダ宇品工場を俯瞰　黄金山から撮影している。左右いっぱいに広がる工場の中央上付近は安芸郡坂町鯛尾。海沿いの黒っぽい建物の辺りは第六管区海上保安本部。今は広島トクヤマ生コンもある。〈広島市南区・昭和47年・提供＝瀧口秀隆氏〉

宇品海岸上空から東を望む　手前中央が宇品海岸、広島港。左手に広島競輪場。上部が仁保沖町のマツダ宇品工場と造成地。左端に少し見えているのが黄金山。〈広島市南区宇品海岸・平成元年・提供＝川本宏幸氏〉

金輪島上空から北東を望む　写真中央が金輪島、右手が坂町の鯛尾。鯛尾の集落の手前は第六管区海上保安本部の施設だったが、この頃はマリーナやレストランになっている。その奥にマツダトレーニングセンター、白いタンク群は三京塗料広島営業所。坂町から仁保沖町に架かる橋は昭和49年に供用開始した広島大橋。〈広島市南区宇品町・平成元年・提供＝川本宏幸氏〉

基町上空から西を望む　横川地区方面を撮影。左手前で旧太田川と天満川が分岐する。分岐点のやや上に家具店の小田億。さらに右の洋館は結婚式場の玉姫殿（現エルセルモ）。左端から斜め右上へ延びる道路が横川駅前通りである。〈広島市西区横川町・平成元年・提供＝川本宏幸氏〉

バラック群の廃墟　中区本川町の土手から対岸の本町を望む。旧太田川（本川）に建っていたバラックで、当時はまだ基町の河岸整備が終わっていなかった。左の建物は広島市青少年センター、右が広島商工会議所。その左に見えるビルは広島東京海上ビルで、のちに広島東京海上日動ビル、広島マツダ大手町ビルとなり、現在はおりづるタワーとなっている。〈広島市中区基町・昭和50年頃・提供＝瀧口秀隆氏〉

昭和55年の中区基町　旧太田川（本川）側から撮影。右のこども文化科学館は2月に竣工したばかり。左側にそびえる住宅は基町高層アパート。河岸整備は左側は終わっているが、こども文化科学館から相生橋まではまだ整備されていなかった。〈広島市中区基町・昭和55年・提供＝瀧口秀隆氏〉

本川下流で　広島県総合グランド（バルコムBMW広島総合グランド）付近から旧太田川（本川）の上流を望んでいる。奥の橋は庚午橋。〈広島市西区観音新町・昭和30年・提供＝福重くるみ氏〉

西観音町の商店　タバコや雑貨、食料品などを扱っていた小谷商店。写真提供者の曽祖母が経営していたという。現在周囲は住宅やビルが建っている。〈広島市西区西観音町・昭和35年・提供＝森苗月氏〉

観音新町の路地で　涼しげな格好をした子どもたちが夏の日に家の前で遊んでいる。右奥の白い建物は三菱重工業の社宅。観音新町の南部一帯は戦前に工業港として埋め立てられ、三菱重工業の工場が進出した場所である。そのため旧太田川（本川）が広島湾と合流する辺りは三菱海岸と呼ばれていた。〈広島市西区観音新町・昭和49年・提供＝山本昌子氏〉

高須の上野ガーデンからの眺望　高須の高台には明治時代半ばから桃が植栽され、大正初めに成長した桃園が一般に公開されたという。「上野ガーデン」は昭和２年に開園。花が咲きほこる春だけでなく、眼下に広がる眺望を楽しみに多くの人が訪れた。〈広島市西区高須台周辺・昭和30年・提供＝小池忠人氏〉

己斐の松原しぐれ松　西国街道に３間（約5. 4メートル）ごとに約400本植えられていたという。寛永10年（1633）から植えられていた松は、昭和48年に最後の松が伐採され姿を消した。〈広島市西区己斐本町・昭和28年・個人蔵〉

本川河川敷　西区大芝３丁目から河川敷へ下りた辺り。後ろに見えるのは昭和39年に完成した大芝水門。〈広島市西区大芝・昭和55年・提供＝瀧口秀隆氏〉

楽々園の商店　店を半分に分け、写真提供者の母が美容室、父が写真館を営んでいた。お店は開店したばかり。母は子どもを出産した後に東京で美容師の修行をして、独立したという。周辺には昭和11年に開園した楽々園遊園地があった。当初は遊園地周辺に商店が建ち並んでいたが、同30年代頃から国道２号沿いの1・3・4丁目付近にも商店街が形成されていった。〈広島市佐伯区楽々園・昭和33年・提供＝児玉ひろ子氏〉

坪井の花畑　五日市町だった頃。当時の坪井は自然豊かで牧歌的な風景が多くあった。現在は人口も増え、住宅街になっている。〈広島市佐伯区坪井・昭和43年・提供＝梶本奈三枝氏〉

湯来温泉　元湯の温泉宿で家族旅行の記念撮影。湯来温泉は「広島の奥座敷」とも呼ばれ、水内川と打尾川の清流に挟まれた盆地にある。湯来温泉は昭和25年に新たに開発され、同30年には国民保養温泉地に指定された。〈広島市佐伯区湯来町多田・昭和29年・提供＝児玉ひろ子氏〉

水《み》内《のち》川《がわ》の側で　湯来温泉へ遊びに来た時に撮影した。湯来町は昭和31年に上水内・砂谷・水内の３村が合併して発足。平成17年に広島市に編入し、佐伯区の一部となる。〈広島市佐伯区湯来町多田・昭和31年・提供＝児玉ひろ子氏〉

太田川と古川の合流地点　西原公園付近。現在は水害に備え、河川敷は埋め立てられて堤防も整備されている。写真の竹林もなくなり周囲は住宅やビル、幼稚園、公園などの市街地が広がっている。竹林があった頃は、たくさんいたすずめを捕まえて焼き鳥にしたという話も。〈広島市安佐南区西原・昭和31年・提供＝大田哲雄氏〉

岸本牧場　創始者は畜牛の改良と乳牛の発展に努めた岸本静雄。広島県の乳製品事業を興した第一人者でもあり、昭和初期には乳牛100頭を飼育していた。岸本は昭和20年に原爆で亡くなる。写真は岸本牧場の正門前だが何かのイベントだろうか、多くの人が集まっている。〈広島市安佐南区長束・昭和29年頃・提供＝内田恵子氏〉

三菱造船広島精機製作所入社記念　昭和12年に東洋機械祇園工場として設立、同16年に戦時統合で三菱系となる。戦後、27年に三菱造船広島精機製作所と改称。写真では大勢の社員が写る。39年に三菱重工業広島精機製作所に社名が変わり、以後何度かの改名を経て平成15年に閉鎖された。現在跡地はイオンモール広島祇園になっている。〈広島市安佐南区祇園・昭和37年・提供＝陰山哲章氏〉

安佐ボウル　緑井にあったボウリング場。現在の天満屋広島緑井店の位置にあった。昭和40年代後半は全国的なボウリングブームが起こっていた。安佐ボウルでも同46年にプロボウリング大会が開かれている。〈広島市安佐南区緑井・昭和47年・提供＝砂入保雄氏〉

ボウリングを楽しむ人びと　安佐ボウルの内部のようす。テレビでもプロボウリングの番組が放送され、中でもシャンプーのテレビコマーシャルにも出演した女子プロボウラーの中山律子が人気を集めた時代。広島テレビでもボウリング番組「チャレンジボウル」「ボウリング・ファイト」などが制作された。〈広島市安佐南区緑井・昭和47年・提供＝砂入保雄氏〉

昭和55年頃の古川　安佐南区緑井５丁目から川内辺りを撮影。江戸時代初期まで太田川の本流であった古川は、派川になった後も度々周囲一帯が洪水に見舞われていた。太田川改修工事により開発が進み、現在一帯は「古川せせらぎ河川公園」として整備されている。周辺は山陽自動車道が通り、景色は都会的なものに変わっている。〈広島市安佐南区緑井～川内・昭和55年頃・提供＝瀧口秀隆氏〉

アジア競技大会の選手村　平成6年10月に広島県各地で「第12回アジア競技大会広島1994」が開催された。大会のメイン会場に隣接して選手村が完成し、31階建て2棟を含む計16棟、約1,000戸のマンションが完成した。後ろの高い建物は大会終了後に分譲され現在Aシティタワーズウエストとなっている。男性が立っている場所には今は、ホームプラザナフコ西風新都店が建っている。〈広島市安佐南区大塚西・平成6年・提供＝熊野拓氏、熊野あつこ氏〉

可部町役場　昭和30年3月に可部町・亀山村・三入村・大林村が合併し新たな可部町が発足した。発足当初は旧可部町役場を使用していたが、大字中野318番地に場所が決定し、同32年1月に竣工した。〈広島市安佐北区可部・昭和30年代後半・提供＝新澤孝重氏〉

白木町の山　まだ高田郡白木町だったころで、風光明媚な秋の景色を見にハイキングへやってきた時の一枚。撮影の年に高田郡白木町が発足。この後昭和48年に広島市に編入される。〈広島市安佐北区白木町・昭和31年・提供＝福重くるみ氏〉

花嫁道中　現在の安佐北区可部町５丁目と７丁目の間で、国道191号辺りを南東に望んでいる。田んぼの道を文金高島田に結った花嫁が進んで行く。〈広島市安佐北区可部・昭和35年・提供＝新澤孝重氏〉

折目の鉄塔　日露戦争の凱旋記念碑として明治39年頃に建てられたもので、上にはガス灯が付いていたという。台座には寄贈者の可部貯蓄銀行（現広島銀行）の名が刻まれている。その後、火事の際の警鐘台などに利用されていた。写真では町内有線放送のスピーカーが取り付けられている。〈広島市安佐北区可部・昭和35年頃・撮影＝幸田光雄氏、提供＝新澤孝重氏〉

二井谷呉服店　旧街道沿いにある呉服店で今も同じ場所で営業している。この日はえびす講の売り出し。毎年11月20日に商売繁盛を願い、えびす祭りが開催されていた。〈広島市安佐北区可部・昭和40年頃・撮影＝岡本幸一氏、提供＝新澤孝重氏〉

畑賀中心部　瀬野川南側の山から遠望した畑賀地区。右手前に見える鳥《と》籠《この》山《やま》城跡の左の4階建てはビレッジハウス畑賀。その奥に見える国立畑賀療養所（現安芸市民病院）、畑賀小学校の周辺は現在住宅地となっている。〈広島市安芸区畑賀・昭和45年・提供＝古川了永氏〉

国立畑賀療養所　昭和8年に市立畑賀病院として開設された。その後の変遷を経て同27年に国立畑賀病院として独立し、翌年国立畑賀療養所と改称した。現在は、広島市医師会運営・安芸市民病院として地域医療に大きな役割を担っている。〈広島市安芸区畑賀・昭和45年・提供＝古川了永氏〉

平原橋　昭和24年9月架設の狭い橋で、車のすれ違いができないため橋桁に注意喚起を呼びかける文言が掲示されている。同56年5月、現在の広い橋に架け替えられた。〈広島市安芸区中野・昭和53年・提供＝古川了永氏〉

ペプシコーラ工場　昭和38年に宇部興産が全額出資して設立した西部飲料の本社工場として翌年から稼働。竣工記念式典には当時のペプシ社社長と同社顧問のリチャード・ニクソン（前副大統領・第37代アメリカ大統領）が出席したという。現在、同地には安芸区スポーツセンターが建っている。〈広島市安芸区中野東・昭和39年・提供＝古川了永氏〉

国鉄海田市自動車営業所
昭和22年建築の木造仮事務所を同28年に鉄筋コンクリート造に建て替え、34年に増改築した。当時、日本一の国鉄バス営業所といわれた。現在同地には、コープ船越と安芸区民文化センターがある。〈広島市安芸区船越南・昭和42年頃・提供＝秋枝照幸氏〉

船越南2丁目付近
県道164号の船越南2丁目交差点付近から入川方面を見ている。現在、写真のガードレール辺りには歩道が整備され、右側のマンション付近は駐車場となっている。左に見える広島日野自動車のサービス工場には同本社ビルが建っている。〈広島市安芸区船越南・昭和53年・提供＝砂入保雄氏〉

観光ホテル・可部ジャングル温泉遠望　中国地方随一の本格的ヘルスセンターとして昭和40年に開業した。その名称からもただよう「南国ムード」をアピールして家族連れや団体客を多く集めた。同49年に閉鎖され、跡地には安佐北区民文化センターが建つ。〈広島市安佐北区可部・昭和42年・提供＝砂入保雄氏〉

岩瀧神社から南を望む　中央の工場群は日本製鋼所で、その向こうに建設中の国道2号バイパスが見える。海田湾越しに見える陸地は坂町鯛尾とその背後の森山。〈広島市安芸区船越・昭和30年代後半・撮影＝瀬戸原行信氏、提供＝瀬戸原博昭氏〉

埋立前の海田湾　海田警察署矢野交番所の上の辺りから北向きに撮影されている。熊野町に抜ける道路・矢野安浦線ができる前で、左上の海に突き出た岬が「牛の首」と呼ばれる景勝地だった。現在は埋立地が広がり、海岸線の面影は残っていない。対岸の向洋新町と黄金山が見える。〈広島市安芸区矢野西・昭和55年・提供＝瀧口秀隆氏〉

矢野大浜付近　ホタテ貝の養殖が行われていた。写真のようにホタテ貝の殻を、Uの字にして種付けをして海中に吊るした。海田湾の向こうに黄金山と東洋工業宇品工場が見える。〈広島市安芸区矢野西・昭和55年・提供＝瀧口秀隆氏〉

東洋工業　大正9年に中島新町で東洋コルク工業として創業された。昭和2年に東洋工業と改称し、同6年に府中村の新工場で三輪トラックの開発に着手した。戦時中は軍需工場として操業したが、戦後、再び三輪トラックの製造を再開し四輪市場へも進出していった。59年にマツダと社名を変更する。〈安芸郡府中町新地・昭和24年・提供＝内田恵子氏〉

鹿籠踏切上空から南を望む　写真右下の鹿籠踏切から斜めに山陽本線と呉線が延びる先に向洋駅がある。当時の国道2号に沿って右側に東洋工業本社の社屋や工場が並ぶ。〈安芸郡府中町新地・昭和24年・提供＝内田恵子氏〉

東洋工業本社ビルの屋上　姉妹の後ろに見えるのがまだテレビ塔のない黄金山。〈安芸郡府中町新地・昭和30年・提供＝内田恵子氏〉

新築の府中町役場屋上から南方を望む　鉄筋造り2階建ての庁舎屋上から宮の町方面を見ている。〈安芸郡府中町本町・昭和29年・提供＝府中町教育委員会〉

府中町本町付近　役場庁舎と多家神社にほど近い場所の田園風景。写真中央より上、田畑と山の間に見えるバスが走っている道路は現在の県道272号。〈安芸郡府中町本町・昭和29年・提供＝府中町教育委員会〉

猿猴川右岸から見た府中町
南区東雲を背に猿猴川右岸から見ている。東洋工業（現マツダ）の工場などが並ぶ工業地区の風景。〈広島市南区東雲、安芸郡府中町新地、昭和29年・提供＝府中町教育委員会〉

広島市農業協同組合府中支店　昭和3年に架橋された埃宮橋を本町側に渡った榎川沿いにある。「埃宮」は『日本書紀』に記された名称で、多家神社のこと。〈安芸郡府中町本町・昭和60年・提供＝川本宏幸氏〉

鹿籠《こごもり》山から北西を望む　写真の左は茂陰北辺り、中央やや右は大須のキリンビール工場（現在のイオンモール広島府中）がある辺り。〈安芸郡府中町鹿籠付近・昭和29年・提供＝府中町教育委員会〉

新築の鹿籠郵便局　この年の4月に落成した局舎。向洋駅にも近い住宅地にある。〈安芸郡府中町桃山・昭和29年・提供＝府中町教育委員会〉

鹿籠山から千代東を望む　府中町の南部地域の中で山陽本線沿いの千代東付近は、昭和30年代後半にかけて宅地利用が進んだ。〈安芸郡府中町内・昭和29年・提供＝府中町教育委員会〉

鹿籠地区の住宅街　桃山から千代方面に向けて見ている。一帯には東洋工業に勤務する人びとも多く住んでいた。〈安芸郡府中町桃山・昭和29年・提供＝府中町教育委員会〉

府中消防団鹿籠出張所　府中町消防団は、昭和23年1月に発足、同26年に第1回府中町消防競技大会を行った。28年に自動車三輪ポンプを1台購入し、33年に府中町消防本部庁舎が落成した。写真は昭和36年に鹿籠出張所となる建物と思われる。当時は車庫と詰所として使われていた。〈安芸郡府中町桃山・昭和29年・提供＝府中町教育委員会〉

向洋駅前巡査派出所　府中町内の2カ所の派出所のひとつ。戦後、昭和23年に自治体警察が設置されたが、同26年に廃止し現在に至る。〈安芸郡府中町青崎南・昭和29年・提供＝府中町教育委員会〉

受田《うけだ》橋竣工　呉線と山陽本線の堀越第1踏切のすぐ北にある。現在橋の北詰西側にはアルゾ青崎店、東側はマンションが建っている。受田橋の欄干は東側が残るのみで川もほぼ暗渠となっているため、橋であることに気付かず通る人も少なくない。〈広島市南区堀越、安芸郡府中町青崎東・昭和29年・提供＝府中町教育委員会〉

水分峡を望む　現在の山田1丁目と2丁目辺りから水分狭方面の山に向かって撮影している。この辺りは田んぼが多く、稲を束ねて天日干しする「はで干し」の真っ最中である。〈安芸郡府中町山田・昭和29年・提供＝府中町教育委員会〉

長行司花店　店の外に伏せた竹籠に盆灯籠が立ててある。広島のお盆の風景である。同店は平成30年7月10日の豪雨で被災し閉店を余儀なくされた。〈安芸郡府中町山田・昭和60年・提供＝川本宏幸氏〉

文芸小路《ぶんげいのこみち》の入口　情緒漂《ただよ》う宮の町1丁目と2丁目の境にある路地に沿った民家の板壁に短冊が掛けられていた。蔵に表示されている「文芸小路」の手書き文字にも味がある。〈安芸郡府中町宮の町・昭和60年・提供＝川本宏幸氏〉

文芸小路の板塀　安芸府中文化協会によって俳句などが書かれた短冊が壁に掛けれられていたこともあった、風情ある通り。〈安芸郡府中町宮の町・昭和60年・提供＝川本宏幸氏〉

多家神社付近の蓮田　府中町はレンコンの産地で蓮田が多くあった。〈安芸郡府中町宮の町・昭和60年・提供＝川本宏幸氏〉

石井城址のレンコン畑　古くから氾濫を繰り返してきた温品川や榎川が流れる府中の低地には、蓮田や湿田が多かった。〈安芸郡府中町石井城・昭和60年・提供＝川本宏幸氏〉

共同井戸　子どもたちが遊んでいるのは、石井城にある湧水の共同井戸の一つで、名水百選に指定されている。水源を祭祀する水天宮の祠がある。〈安芸郡府中町石井城・昭和60年・提供＝川本宏幸氏〉

埃宮橋から北東を見る　榎川に架かる埃宮橋は県道152号と272号が交差する地点のすぐ北にある。右（南）側の川沿いの道の松並木は多家神社へと続く参道で、途中にえの宮公園がある。〈安芸郡府中町本町、宮の町・昭和45年頃・提供＝府中町教育委員会〉

府中大川からキリンビール広島工場方向を望む　広島の人びとに愛されたキリンビール広島工場（写真では民家の後ろ）は平成10年に閉鎖、工場跡地にキリンビアパーク広島（キリン広島ブルワリー）を新設した。同16年には商業施設ダイヤモンドシティ・ソレイユを施設内に併設したが22年に閉鎖された。現在は、イオンモール広島府中となっている。〈安芸郡府中町大須・昭和60年・提供＝川本宏幸氏〉

畝橋付近から瀬野川上流を望む
上流に架かるのは木造の頃の国信橋。〈安芸郡海田町曽田・昭和36年・提供＝古川了永氏〉

国道2号から見た畝の集落
瀬野川の堤防と山陽本線の向こうに見えるのは、ほとんどが木造住宅。まだ茅葺き屋根も残っている。〈安芸郡海田町畝・昭和36年・提供＝古川了永氏〉

広島電機高校からの光景　一帯には農地が広がり、はるか先まで見通せた。広島電機高校は平成11年に広島国際学院高校に改称している。〈安芸郡海田町曽田・昭和36年・提供＝古川了永氏〉

国道２号で中国駅伝の練習　正月休み中の光景。交通量が少ないため、スクーターで併走しながらの練習である。〈場所不祥・昭和36年・提供－古川了永氏〉

岩滝山から海田町を望む　手前の船越小学校のグラウンドに接するように呉線と山陽本線の線路が通る。写真中央を横切る瀬野川の対岸が海田町で、右側には埋め立てられる前の海田湾が見える。〈広島市安芸区船越周辺・昭和36年・提供＝古川了永氏〉

岩滝山から見た海田湾の夜景　瀬野川の河口付近の明かりは広島ガス海田工場。海田湾の向こうの煙突は坂町の坂発電所のもの。〈広島市安芸区船越周辺・昭和37年・提供＝古川了永氏〉

有信精器工業　高度経済成長期を迎えた昭和30年代には、海田町にも多くの工場が進出してきた。同38年創業の有信精器工業もそのひとつで、自動車部品を製造していた。〈安芸郡海田町内・昭和39年・提供＝古川了永氏〉

廃線後の鉄橋　戦時中に海田市駅から軍用地への引き込み線が敷かれていた。戦後は廃線となり、瀬野側に架かっていた鉄橋は、子どもたちにとって恰好の遊び場となった。鉄橋の上や橋脚から多くの子どもたちが釣りを楽しんでいる。現在この場所にはひまわり大橋が架橋されている。〈安芸郡海田町窪町・昭和30年代・撮影＝瀬戸原行信氏、提供＝瀬戸原博昭氏〉

上空から見た坂町　写真手前右端は水尻海岸、現在はベイサイドビーチ坂として整備され、商業施設も併設されている。道路が湾曲して立体交差している辺りが植田地区で、道なりに左上へ向かうと横浜地区である。〈安芸郡坂町・平成元年・提供＝川本宏幸氏〉

埋め立て中の北新地①　呉線の線路の南東あたりから現在の北新地方面を撮影。写真中央のゲートができている場所が東部流通団地入口のようだ。海田湾の対岸の左側に森山、右側に黄金山が見える。〈安芸郡坂町北新地・昭和55年・提供＝瀧口秀隆氏〉

埋め立て中の北新地②　現在のロジコム広島のあたりが埋め立てられ始めたころに、望遠で撮影か。左に見える埋め立て用の盛り土は潮に削られている。その奥の広島大橋の下にはマツダの輸出用の船が写る。〈安芸郡坂町北新地・昭和55年・提供＝瀧口秀隆氏〉

埋め立て中の北新地③　埋め立ての土砂に重機の跡が残る。「北新地」は埋め立てられてからできた住所。左側の車が走る道路が国道31号。写真右上には坂発電所の横シマの煙突が見える。〈安芸郡坂町北新地・昭和55年・提供＝瀧口秀隆氏〉

特集◆

広島城天守閣

絵葉書「廣島城天守閣」 私製葉書の発行が明治33年に認められると、広島城の絵葉書も多く作られた。明治時代には大本営が置かれたことから、撮影時期の詳細は不明。南東から写された天守閣の姿。〈広島市中区基町・明治後期〜大正初期頃・個人蔵〉

広島市の中心地に位置する「広島城」は「日本100名城」の一つとして知られている。

広島城は戦国武将の毛利元就の孫・毛利輝元により文禄元年（一五九二）頃、太田川下流域の「最も広い島地」である「五箇村」に建てられた。その頃からこの地は「広島」と呼ばれ発展していった。この城の城主も毛利、福島、浅野氏と様々な事情から変わり、城の持つ意味合いも変化した。戦国時代の「防護としての城造り」から、天下が安定した頃には「権力のシンボルとしての城造り」へと変わっていき、その周りは城下町として政務や商業の中心地に発展していったのである。

明治二十七年に開戦した日清戦争中指揮をとるため、山陽鉄道で東京と繋がり、海運の拠点の宇品港もあった広島城内に大本営が設置された。この地で明治天皇が指揮をとられ、議会や国の中枢機関の多くが広島を拠点とし、一時臨時首都として機能もした。

こうした歴史ある天守閣は昭和六年国宝に指定されたが、同二十年の原爆投下により姿を消した。広島城は城下に火災が起きても天守閣には及ばない造りになっていたのだが、爆風の威力により一瞬で原型を失った。

この時「広島が全滅しています」との原爆投下第一報を発信したのも、広島城の地下、軍司令部からだった。ここは一般には未公開だが、今でも現状保存されている。

現在の天守閣は「三代目」とされる。戦後、復興が進む中で市民の間から天守再建を求める声が高まると、昭和二十六年、広島城跡地一帯で開催された体育文化博覧会（通称・スポーツ博）の一環で、広島の象徴的存在の天守が、半年間だけ仮設された。この仮設天守は本来の姿とは異なったが、市民に多大な希望を与え「二代目」と称えられた。

そして昭和三十三年の「広島復興大博覧会」で、念願の天守閣「三代目」外観が復元され、現在は広島の歴史を語る博物館として多くの人が訪れる場所となっている。

この「三代目」広島城天守閣も耐震性に問題があることから、令和七年には入館できなくなる。幸いなことに、写真と詳細な図面も残っていたことから、議論の末、築城当時の姿で天守閣を復元する方向で動いている。「四代目」の雄姿を多くの人が楽しみにしていることだろう。

（髙山由里子）

被爆直後の広島城周辺　昭和20年の9月に米空軍によって撮影された写真。広島城の東（写真では手前）には歩兵第十一連隊、北には陸軍幼年学校、西には野砲兵第5連隊や陸軍病院などがあったがすべて跡形もない。〈広島市中区基町・昭和20年・米国立公文書館所蔵〉

崩壊した天守　広島城天守は焼け落ちたのではなく、原爆の爆風によって倒壊した。そのため、天守台の上に木材が積み重なっている。〈広島市中区基町・昭和20年頃・米国立公文書館所蔵〉

二代目天守　広島で行われた国体の協賛イベントとして開催された体育文化博覧会（スポーツ博）に合わせて、広島城の木造模擬天守が、3月25日から6月3日までの期間限定で復元された。写真は白島小学校側から撮影している。博覧会場にはスイッチバックレールウェイという遊園地のようなアトラクションがあった。お城の左に見える屋根はその乗り場。〈広島市中区基町・昭和26年・個人蔵〉

城跡の石垣に座って　昭和26年の模擬天守復元の後、同28年に広島城跡は国の史跡に指定された。市民の間で天守再建の機運が高まりを見せていた頃の一枚。〈広島市中区基町・昭和28年・提供＝山根洋子氏〉

再建された天守　広島復興大博覧会が開催されると、広島復興のシンボルとして三代目となる広島城天守が再建された。戦前の資料や古写真を参考に鉄筋コンクリート造で再建された天守は、復興博の第3会場となり博覧会後には広島城郷土館として利用された。写真の当時は外観のみの完成であったという。〈広島市中区基町・昭和33年・提供＝小池忠人氏〉

広島城で記念写真　護国神社にお宮参りに来た家族連れが、併せて広島城天守にも拝観に。再建された天守は市民に親しまれた。〈広島市中区基町・昭和37年・提供＝西村奈苗氏〉

上空から見た広島城　城南通り上空から撮影。広島城と護国神社を中心に、左に基町高層アパート、広島城の向こう側には左に基町高校、右に白島小学校が見える。この年、築城400年を機に名称を「広島城郷土館」から「広島城」に変更した。〈広島市中区基町・平成元年・提供＝川本宏幸氏〉

5 戦後の教育の移り変わり

戦争中の日本の教育は、天皇や家（父親）中心の教育勅語に依った教育であった。そうした時代背景のもと、広島には尋常小学校、尋常高等小学校に加え、中学校、高等女学校、高等学校、高等専門学校、師範学校、高等師範学校、文理科大学等が存在し、東京、京都に比肩《ひけん》する教育県、教育都市であった。

敗戦をむかえ、広島にはアメリカ軍、オーストラリア軍主体の英連邦軍が進駐するようになるなか、昭和二十二年、新しい憲法と教育基本法が制定。我が国の新たな教育が始まることとなる。当初は、校舎も焼けてしまったため授業は「青空教室」で行われ、教科書も今までのものに都合の悪いところを墨で塗って使っていたが、個々の人間の尊厳や自由な考えが大切にされるようになり、新制中学一年用の教科書には日本国憲法について説いた『あたらしい憲法のはなし』が採用されるなど、一人ひとりの子どもの学びの場にも自由が尊重されるようになる。

そして昭和二十二年には「学習指導要領」が刊行される。これは全国どの地域でも一定水準の教育が受けられるよう、各学校で教育課程を編成する際の基準を定めたもので、以後、時代の変化に伴い、改訂が重ねられていく。例えば、同三十～四十年代にかけての高度経済成長期では、所得の向上により生活水準も向上。後期中等教育、さらに高等教育への進学希望者が増大していった。昭和五十四年度からは、国公立大学の入試は各大学が行う第二次試験の前に、共通第一次学力試験が行われるようになった。その他、授業時間数、学習内容なども変わっていった。こうして振り返ると戦後から約八〇年、子どもたちをとりまく教育の現場は時代とともに日々刻々と変化していったのである。

昭和二十年八月六日、広島市の学校はほとんどが甚大な被害を受けた。校舎は焼失、倒壊。そして多くの児童生徒や教員の尊い命が犠牲になった。その悲劇、惨状を遺す資料館などの施設が、市内の多くの学校に設置されている。

令和六年、長きにわたり核兵器廃絶を訴え続けてきた日本原水爆被害者団体協議会（日本被団協）がノーベル平和賞を受賞し、改めて核兵器のない世界の実現が問われている一方、被爆者の平均年齢は八五歳を超え、生の証言を訴える機会は限られているのも事実である。彼らの声を未来を担う若い世代に向けどう維持しつないでいくかが、人類史上初めて原爆が投下された広島に生きる私たちに託された重要な活動である。

（森下弘）

旧制広島第一中学校の授業再開　同校は原爆被害により校舎は全壊、全焼し、生徒や教職員あわせて369人が犠牲となった。被害が少なかった旧第一陸軍病院江波分院を仮校舎として授業が再開された。現在、分院跡地は住宅街になっている。〈広島市中区江波二本松・昭和21年・提供＝森下弘氏〉

旧制広島第一中学校が再開した本校舎で卒業式　旧制広島第一中学校が、旧第一陸軍病院江波分院仮校舎で授業を再開してから約2年を経て、卒業式を国泰寺の本校舎で行う事ができた。残っていた校舎を修繕し、窓ガラスは風船爆弾用の紙で修復を行った。学生各々が、机や椅子を江波から運び出し、引っ越しをしたという。修学旅行は行けなかったが、本校舎での卒業式は感慨深く、生徒らも笑顔を浮かべている。〈広島市中区国泰寺町・昭和23年・提供＝森下弘氏〉

広島高等師範学校が仮校舎で再開　学生が立っているのは、同校（現広島大学教育学部）が戦後の昭和21年より仮校舎にしていた広島陸軍被服支廠《ししょう》（出汐《でしお》倉庫）。軍服の倉庫だったもので、4棟のうち、2号棟と4号棟を出汐町校舎として使用し、講義が再開された。同校は同28年に東千田町の本校舎へ復帰するも、4号棟の一部は学生寮（薫風寮）として、平成7年に閉寮となるまで活用された。〈広島市南区出汐・昭和23年・提供＝森下弘氏〉

広島高等師範学校の本校舎前で　撮影されたのは、復帰した本校舎前である。同校は当時、東京高等師範学校（後の筑波大学）と並び、日本の教育界をリードする存在だった。とくに大正時代から近代教育学に大きな影響を与えた教育実践家・ペスタロッツィ研究が盛んで、日本の教育実践家に多大な影響を与えた。撮影から1年後の昭和24年に広島大学が発足すると、同校は広島文理科大学などとともに包括。同27年に最後の卒業生を送り出すと、その歴史に幕を閉じた。〈広島市中区東千田町・昭和23年・提供＝森下弘氏〉

広南高校の校舎落成式　学制改革により広島第二高等女学校が廃止され、新制高等学校「広島県広南高等学校」（女子校）が発足。広島第二高等女学校は、原爆投下時に学徒動員中の生徒が被爆、多くの犠牲者が出た。また、昭和17年新築の校舎が倒壊したため同21年には校舎復旧の募金運動が開始され、23年9月に再建工事が竣工した。その落成式の写真。〈広島市南区宇品東・昭和23年・個人蔵〉

広南高校の学校祭　飾りつけられた学校の門には「廣南高校」「落成記念」の文字。再建された校舎の落成を記念して学校祭が開かれたようだ。〈広島市南区宇品東・昭和23年・個人蔵〉

広南高校学校祭でのバザー　写真は校舎落成記念の学校祭におけるバザーのようす。同校は昭和24年に高校再編により、県立3校（広島有朋高校・広南高校・広島工業高校）と市立1校（広島市立工業高校）の計4校が統合され、広島県広島皆実高校になった。〈広島市南区宇品東・昭和23年・個人蔵〉

広島大学が新設　昭和24年に国立学校設置法により、広島文理科大学、広島師範学校、広島高等師範学校などの師範学校や広島高等学校、広島市立工業専門学校など、旧制の諸学校を包括して広島大学が新設された。幅広く学びを深められる新設の大学に希望を感じ、入学を志す者も少なくなかった。〈広島市中区東千田町・昭和24年・提供＝森下弘氏〉

修道高校　同校は、享保10年（1725）に広島藩主・浅野吉長が設置した講学所を起源とする私立校である。修道中学校から高校までを過ごした学友とともに記念撮影。〈広島市中区南千田西町・昭和26年・提供＝猪野香氏〉

観音中学校①　2年生の集合写真である。同校は昭和22年に第二国民学校の校地を引き継ぎ、第二中学校として設立。同24年に観音中学校と改称した。〈広島市西区南観音町・昭和28年・提供＝福重くるみ氏〉

観音中学校②　ラケットを手に笑顔を浮かべるのは、テニス部の生徒たち。同校は現在も運動系、文化系ともさまざまな部があり、生徒たちは授業後、一生懸命取り組んでいる。なかには県大会に出場するなど、優秀な成績を収める部もある。〈広島市西区南観音町・昭和29年・提供＝福重くるみ氏〉

観音小学校の運動会　運動会で日の丸の小旗を手に、校庭いっぱいに広がる児童たち。当時の児童数の多さに圧倒される。〈広島市西区観音本町・昭和29年・提供＝福重くるみ氏〉

観音小学校の授業風景　同校は昭和24年、高校再編で廃校となった広島市立商業高校の校舎（西区南観音町）を暫定的な校舎とし、南観音小学校から分離して創立した。翌25年、現在の校地に移転。写真は授業のようす。男子児童はほとんどが詰襟だが、女子児童はセーラー服にブレザー、チェックのシャツとさまざまである。〈広島市西区観音本町・昭和25年頃・提供＝福重くるみ氏〉

観音小学校のプール　このプールは全長50メートルあり、ここが広島第二中学校の校地だった昭和8年に竣工された。県内で初めて日本水泳連盟から公認され、県内の競技会の多くがここで開催されたという。戦後、観音小学校になってからも使用され、被爆を免れた貴重な建造物であったが老朽化のため平成7年に取り壊され、その役目を終えた。〈広島市西区観音本町・昭和25年頃・提供＝山根洋子氏〉

観音小学校の校舎　校舎は広島芸陽高校（現観音高校）時代にPTAの援助により、総工費297万円で昭和23年12月に着工、同24年2月に竣工した。子どもたちのために資材と資金をかき集めて完成した校舎である。校庭には木製の滑り台とブランコがあった。〈広島市西区観音本町・昭和25年・提供＝山根洋子氏〉

府中小学校の2年生　戦後、広島県教育委員会の教育実験学校に指定され、教職員の教育への情熱も高かったという同校。校庭の木製滑り台の前で、どの子もそして先生も満面の笑みを浮かべている。その後校舎は原爆の被害に加え白蟻の侵食により、昭和32年、当時、西日本一と称された鉄筋3階建の新校舎に建て替えられた。〈安芸郡府中町本町・昭和27年・提供＝陰山哲章氏〉

府中南小学校の運動会①　昭和27年に府中小学校の分校として発足、2年後の同29年に府中南小学校として独立した。その第1回となる運動会。校庭の周りでは、多くの保護者がわが子の活躍を見守る。〈安芸郡府中町柳ケ丘・昭和29年・提供＝内田恵子氏〉

府中南小学校の運動会② 得点板担当の児童たち。女子児童は懐かしいちょうちんブルマである。左奥には、こちらも今では目にしなくなった百葉箱が写る。〈安芸郡府中町柳ケ丘・昭和29年・提供＝内田恵子氏〉

府中南小学校の入学式 独立して初めて迎える新1年生。どの子もどこか緊張した面持ちである。初年度は12学級、児童数は540人、教職員は18人だった。〈安芸郡府中町柳ケ丘・昭和29年・提供＝内田恵子氏〉

楽々園保育所の園児たち　光禅寺の山門前で、園児たちが記念撮影。同所は昭和26年創立で、光禅寺が運営母体。現在は楽々園ルンビニ幼稚園となっている。写真の山門は江戸時代中期、安永7年（1778）の建造である。〈広島市佐伯区五日市・昭和28年・提供＝児玉ひろ子氏〉

楽々園保育所の運動会①
近隣にあった楽々園遊園地を会場に、運動会が行なわれた。〈広島市佐伯区楽々園・昭和28年・提供＝児玉ひろ子氏〉

楽々園保育所の運動会②　楽々園遊園地の広大な敷地を利用して、大勢の園児たちがのびのびと運動会を楽しむ事ができた。まだ写真が貴重だった頃で、参加者全員を納めた思い出深い一枚という。同遊園地は昭和11年開業、同46年に閉業。現在跡地はファミリータウン広電楽々園に加え、イオンタウン楽々園が令和6年冬にオープンし、商業施設として進化を続けている。〈広島市佐伯区楽々園・昭和29年・提供＝児玉ひろ子氏〉

桃山幼稚園　昭和28年、西方寺の境内にて開設。向洋駅のすぐ東にあり、利便性のある立地から地域住民に親しまれている。〈安芸郡府中町青崎中・昭和29年・提供＝府中町教育委員会〉

若竹保育所　空城山の近くにあり、大きなアーチ型の玄関が特徴的な園舎だった。「若竹のごとくすくすくと伸びよ吾子たち」という願いを込めて若竹保育所と名付けられた。左端に写る園庭のすべり台は木製である。〈安芸郡府中町鹿籠・昭和29年・提供＝府中町教育委員会〉

広島大学卒業のお祝い　教授と食事会を行い、記念に一同で肩を組んで記念撮影。晴れ晴れとした表情と座卓いっぱいに並んだとっくりが、卒業の喜びを語る。この写真が撮影された昭和31年は、政府が経済白書で「もはや戦後ではない」と宣言した年であり、高度成長期へと向かう前途洋洋たる船出であったろう。〈広島市中区千田町・昭和31年・提供＝猪野香氏〉

広島国泰寺高校の入学写真　同校は、明治7年に官立広島外国語学校として大手町に開校。同24年に、現在の校地に移転した。30年に広島県第一尋常中学校（旧制広島一中）となり、その後も学制改革等に伴う改称を重ねる。現在の広島県立広島国泰寺高校に改称されたのは昭和43年。写真撮影当時の校名は、広島県広島国泰寺高校だった。〈広島市中区国泰寺町・昭和30年・提供＝猪野香氏〉

広島工業高校の空撮　明治30年に広島県職工学校として開校。昭和24年の高校再編により広島県広島皆実高校と一時は統合するなど紆余曲折を経て同28年に広島県広島工業高校として独立した。現在の広島県立広島工業高校。〈広島市南区出汐・昭和34年・提供＝黒瀬峻章氏〉

広島県広島市工業高校の第7回卒業記念写真　前身は、大正13年に夜間学校として開校した広島市工業専修学校。勤労青年の学びの場として、これまで2万人以上が卒業している。写真は、提供者の義父が卒業した時の一枚。義父は故郷の東城町《とうじょうちょう》（現庄原市東城町）から広島市内に下宿し、高校生活を送った。当時、中学卒業後、中国山地の県境から市内に出る少年は珍しくなく、同校のように夜学がある高校への入学希望者は多かった。昭和39年に現在地に移転し、全日制・定時制の高校となった。現在の広島市立広島工業高校。〈広島市中区千田町・昭和31年・提供＝塩井京子氏〉

大下学園祇園高校の校庭　同校の校地は校舎、講堂がある敷地と校庭との間に国鉄可部線が通っていたため、跨線橋を渡って行き来していた。校地はこの地で創業した大下回春堂（現フマキラー）の跡地。現在はAICJ中学・高校に学校事業が継承されている。〈広島市安佐南区祇園・昭和31年頃・提供＝森下弘氏〉

大下学園祇園高校の体育祭①　大名行列に扮しグラウンドを練り歩く。写真左には立派な駕籠を担ぐ姿も見える。「駕籠屋の長兵衛」という演目を競技仕立てにした種目で、同校では定番となっていた。〈広島市安佐南区祇園・昭和31年・提供＝森下弘氏〉

大下学園祇園高校の体育祭②　伝統の創作ダンスを力いっぱい演技する高校生。同校では、1年生は大下体操を、2年生は創作ダンスを習得する。運動会は日頃の成果を発表する恰好の場だった。背景の建物は三菱造船広島精機製作所（現在はイオンモール広島祇園）である。〈広島市安佐南区祇園・昭和31年・提供＝森下弘氏〉

大下学園祇園高校の体育祭③　借り物競争を終えた教師たち。各自「お題」が書かれたプラカードを持って完成形を披露。〈広島市安佐南区祇園・昭和31年・提供＝森下弘氏〉

大下学園祇園高校の体育祭④　体操服姿で満面の笑みを浮かべるのは、生徒会本部席の生徒たち。〈広島市安佐南区祇園・昭和31年・提供＝森下弘氏〉

大下学園祇園高校の体育祭⑤ 2人1組でフォークダンスを踊る女子生徒たち。どの子も腕を高く上げ、スカートの裾をなびかせて優雅に踊っている。〈広島市安佐南区祇園・昭和31年・提供＝森下弘氏〉

大下学園祇園高校の球技大会　写真提供者にとって高校生活初めての球技大会の朝、体育館の前にてパチリ。当時、種目はテニス、バレーボール、バスケットボールがあった。〈広島市安佐南区祇園・昭和34年・提供＝山根洋子氏〉

崇徳《そうとく》学園高校の体育祭　写真提供者が高校1年生の頃、友だちとの記念写真。同校は明治8年、寺門子弟教育の専門道場「学仏場」として設立された。主に寺院の子息が入学し、「お坊さん学校」ともいわれていた。現在は男女共学で、平成13年より中高一貫教育を行っている。〈広島市西区楠木町・昭和35年・提供＝陰山哲章氏〉

大下学園祇園高校の体育祭⑥　徒競走のまさにゴールの瞬間をとらえた一枚。当時の女子の体操着といえば、ブルマ。同校では後年、ブルマの色をスクールカラーのグリーンに変更したという。煙突から白煙を出しているのは、三菱造船広島精機製作所で、平成15年に閉鎖し、ショッピングモールに生まれ変わった。〈広島市安佐南区祇園・昭和35年・提供＝山根洋子氏〉

卒業アルバムの撮影　アルバム用に大下学園祇園高校の新講堂前で、高校生らしくはしゃいで撮った一枚。楽しい思い出の一つである。講堂は昭和62年に、新たな講堂兼体育館として改築された。〈広島市安佐南区祇園・昭和36年・提供＝山根洋子氏〉

日浦山から見た海田中学校　昭和22年、旧海軍第十一空廠《くうしょう》の施設を仮校舎に鼓浦中学校として開校。同27年に写真の校地を購入し、30年に海田中学校に改称した。48年、瀬野川町が広島市へ編入されると広島市立瀬野川中学校と海田町立海田中学校へと分離された。撮影当時、周囲は田畑に囲まれた、自然豊かな土地だった。現在は、住宅や東広島バイパスの立体道路などがあり、写真の面影はない。〈安芸郡海田町幸町・昭和30年代・撮影＝瀬戸原行信氏、提供＝瀬戸原博昭氏〉

観音中学校のバレー部　宇品《うじな》中学校での試合に臨んだ女子部員たち。この写真から8年後、東京オリンピックで東洋の魔女が登場。アニメ「アタックNo. 1」やドラマ「サインはＶ！」も放映されるなど、空前のバレーボールブームが巻き起こるとは、まだ想像もつかなかった頃。〈広島市南区宇品東・昭和31年・提供＝山根洋子氏〉

遠足で行った三瀧寺にて　幟町中学2年生が遠足で標高365メートルの三瀧山の中腹にある三瀧寺を訪れた時の一枚。三瀧寺は、高野山真言宗の寺院で、駒ヶ滝、梵音の滝、幽明の滝の三滝が境内にあるのが寺院の名の由来。三滝の水は平和記念式典の献水にも使われている。〈広島市西区三滝山・昭和33年・提供＝陰山哲章氏〉

観音中学校の運動会①　生徒代表あいさつのようす。この年に生徒会旗が定められ、記念すべき運動会となった。左端に少し写っているのが生徒会旗のようだ。この時代の運動会は裸足で参加する生徒が多く、教員や生徒たちでグラウンドをきれいに整備していた。〈広島市西区南観音町・昭和33年・提供＝山根洋子氏〉

観音中学校の運動会②　開会式が始まるなか、ちらほらと家族が訪れている。応援席には筵《むしろ》が敷かれているが、まだ人は疎《まば》らである。赤ちゃんを抱きかかえたお父さんや、日傘を差す人の姿もある。〈広島市西区南観音町・昭和33年・提供＝山根洋子氏〉

幟町中学校運動会の組体操　写真提供者は、父親の仕事の関係で引っ越した牛田南から同校に通っていた。3年生となり、最後の運動会を迎えた。組体操は運動会の花形種目で応援席から一段と大きな拍手を誘った。写真は、メインとなる「噴水」。提供者は上から2段目にいる。〈広島市中区上幟町・昭和34年・提供＝陰山哲章氏〉

二葉中学校の体育祭　撮影当時は1学年7クラスあった。生徒たちの後ろが、広島駅方面で、中学校に隣接して、こども療育センター、わかくさ保育園、尾長小学校などがある。歌手の西城秀樹や奥田民生の母校でもある。〈広島市東区光町・昭和34年・提供＝猪野香氏〉

二葉中学校のクラス写真　中学校の中庭で撮影。写真提供者の父親は当時、同校の教員で、後に歌手となる西城秀樹の担任も務めたという。〈広島市東区光町・昭和34年・提供＝猪野香氏〉

観音小学校運動会の組体操　万国旗が風にはためく小学校のグラウンド。運動会は児童の家族にとっても大切な行事だった。応援を受け、小学校高学年の組体操が行われている。当時同校では、運動会を締めくくる種目として男子組体操が行われた。〈広島市西区観音本町・昭和30年・提供＝山根洋子氏〉

海田市小学校の校庭で　同校は昭和22年、国民学校から海田市小学校となり、現在は、海田小学校に改称されている。まだ木造だった校舎の前では、子ども会による球技大会が行われているようだ。同44年、校庭にはナイター照明が設置された。〈安芸郡海田町昭和中町・昭和30年頃・撮影＝瀬戸原行信氏、提供＝瀬戸原博昭氏〉

船越小学校の職員室　それぞれの個性を感じさせる表情で写る先生たち。同校は明治6年に海田小学校として創設。同20年に船越村へ海田高等小学校として移転した。43年に船越海田組合立船越尋常小学校に校名変更し、大正9年に独立した。昭和22年に船越小学校となり、現在の広島市立となったのは、船越町が広島市に編入された同50年のことだ。〈広島市安芸区船越・昭和31年・提供＝猪野香氏〉

府中小学校のクラス写真　校庭にあったジャングルジムで先生を囲んで撮った一枚。上の方には男子が、下の方には女子が多い。どの子ものびのびとした明るい表情が印象的である。〈安芸郡府中町本町・昭和31年・提供＝陰山哲章氏〉

船越小学校の学芸会　演目は「アリババと40人の盗賊」。あらすじは童話を読んで学び、皆で役作り。衣装や小道具も準備して本番に臨んだ。当時の学校教育には、さまざまな活動が盛り込まれ、子どもたちの才能を伸ばす一助になっていた。〈広島市安芸区船越・昭和32年・提供＝猪野香氏〉

舟入小学校1年生のクラス写真　昭和10年に開校した同校は、創立25周年を迎えた同35年に鉄筋校舎の一部が、翌年には鉄筋3階建て校舎が竣工した。高度経済成長期真っただ中、子どもたちの服装からも、生活に少しずつゆとりが出てきたことがうかがえる。〈広島市中区舟入南・昭和36年・提供＝森苗月氏〉

比治山小学校の運動会　写真提供者は翌年から、仁保小学校へ転校することが決まっていたため、同校での最後の運動会となった。格別な思いのこもった一枚である。〈広島市南区上東雲町・昭和37年・提供＝矢野久美子氏〉

白島小学校の休み時間①　授業参観が行われたこの日、回転式の遊具で遊ぶ児童たちを写真提供者の父親が撮った一枚。三半規管を刺激するとバランス感覚、集中力、感覚統合を育てるといわれている。学校の遊具には理由があって設置されていた。そんなことは知らずに子どもは遊びに集中するのみ。〈広島市中区西白島町・昭和37年頃・提供＝森長一宏氏〉

白島小学校の休み時間②　校庭に鉄棒、パーゴラ、たいこうんてい、回旋塔遊具、滑り台、ジャングルジムが連なる。さながら遊びを盛り込まれた体操教室のように、さまざまな遊具が設置されている。〈広島市中区西白島町・昭和37年頃・提供＝森長一宏氏〉

白島小学校の運動会　裸足で競技に参加する児童たち。当時の児童数の多さがうかがえる。校庭の木々の向こうには広島城の雄姿が見える。まだちょうちんブルマの時代だが、数年後には体操服は変化していく。〈広島市中区西白島町・昭和38年・提供＝森長俊六氏〉

楽々園保育所のお遊戯会　着物を着て手をつなぐ園児たち。かわいい声が良く聞こえるように、舞台の上にはスタンドマイクが用意されている。〈広島市佐伯区楽々園・昭和30年・提供＝児玉ひろ子氏〉

みみょう幼稚園の運動会　当時は同じ区にある比治山小学校で行っていた。青空の下、いつもと違う広い校庭で園児たちは元気いっぱいに一日を過ごした。〈広島市南区上東雲町・昭和33年頃・提供＝矢野久美子氏〉

報恩保育園のお遊戯会　演目は「一寸法師」。歌と踊りで一生懸命演じる園児たちの衣装も本格的である。〈広島市中区舟入幸町・昭和35年・提供＝森苗月氏〉

堀越幼稚園の七夕祭り　七夕飾りが施された教室で、織姫と彦星に見守られるかのように、木琴の演奏を披露する園児たち。この日のために練習を重ねたことだろう。当時は4月から7月生まれの園児の誕生日会も、この日に行われたという。〈広島市南区堀越・昭和36年・提供＝安田健太郎氏〉

坂保育所の運動会　坂小学校の校庭で行われた。「さくら号」、「あき号」、「ほいくしょ号」など、電車ごっこの要領で園児と家族が縦一列に並び、スタートラインに立っている。親たちは子どもの歩幅に合わせながら、ゴールを目指した。〈安芸郡坂町坂東・昭和36年・提供＝安田健太郎氏〉

堀越幼稚園の園庭で　当時は木造で、園舎の窓からストーブの煙突が出ている。遊具に集まる園児たちの中には、防寒のため上着を羽織っている子もいる。昭和31年開園の同園は、平成28年に60年の歴史に幕を下ろした。翌年からは幼保一体型こうわ認定こども園として新たな歴史を刻み始めている。〈広島市南区堀越・昭和37年・提供＝安田健太郎氏〉

堀越幼稚園で端午の節句
5月5日のこどもの日の頃、健やかな成長を願い、園の近くで撮った一枚。女の子たちが被っているカブトは、自分たちで新聞紙などを折って作ったそうだ。〈広島市南区堀越・昭和37年・提供＝安田健太郎氏〉

坂保育所の発表会　戦後十数年が経過して、園児が披露したのはハワイアンダンス。写真の頃はハワイアン音楽の全盛期で、ハワイは憧れの島になっていた。園児たちにとって、このダンスがハワイとの初めての出会いとなっただろう。〈安芸郡坂町坂西・昭和37年・提供＝安田健太郎氏〉

川本ドレスメーカー女学院の卒業写真
同校は白島線の八丁堀電停そばの中国銀行近くにあった。当時は広がりつつあった女性の進路の選択肢の一つとして、洋裁学校は人気だった。写真の頃は、自分の服は自分で作りたいという人や、手に職をつけたいという人たちが多く、洋裁ブームの真っ只中であった。〈広島市中区八丁堀・昭和36年・提供＝藤井千鶴子氏〉

坂中学校の運動会　校庭で行われているのは「棒上旗奪い」。騎馬戦と同様に昭和の運動会では男子の花形種目だった。激しい競技の一つで、ケガをする生徒も多く、近年では安全面を考え、運動会の種目から外す学校も多い。写真の場所は旧校地で、昭和56年に現校地に移転する。〈安芸郡坂町坂東・昭和46年・提供＝安田健太郎氏〉

東海田小学校の運動会　鍵盤ハーモニカは2年生が、リコーダーは3年生が担当し、入場の合奏パレードを行った。同校は昭和63年に海田東小学校に改称した。〈安芸郡海田町浜角・昭和46年頃・提供＝西村奈苗氏〉

五日市小学校の運動会　運動会が行われているのは、昭和24年に町営グラウンドとして造成された場所である。現在は五日市小学校のグラウンドとなったが、法面《のり》は平らに整地され、周囲は住宅街となっている。〈広島市佐伯区五日市・昭和48年・提供＝森下弘氏〉

的場幼稚園の夏季保育　読み聞かせの時間を撮影した一枚。まだ一人で文字を読むのが難しい園児たちにとって、物語の世界に触れる楽しいひとときだった。〈広島市南区的場町・昭和40年・提供＝西村奈苗氏〉

的場幼稚園の遠足　平和記念公園の「祈りの像」の前に並ぶ園児たち。当時、広島市や安芸郡では幼少期から平和について学ぶ平和学習の一環として、この公園を訪れる機会が設けられていた。〈広島市中区中島町・昭和41年・提供＝西村奈苗氏〉

大きな鯉のぼり　的場幼稚園では、組ごとに鯉のぼりを持って端午の節句の記念撮影をした。園児たちから、「大きいね」という声が聞こえてきそうだ。幼稚園や保育園で、行事を通じて季節ごとの習慣や文化を学ぶことは、四季のある日本ならではの情緒の発達にも役立っていた。〈広島市南区的場町・昭和41年・提供＝西村奈苗氏〉

的場幼稚園の園庭　大型の滑り台にジャングルジム、うんていなど、たくさんの遊具が置かれている。園児たちは思い思いに好きな遊具を選び、元気いっぱいに遊んだ。〈広島市南区的場町・昭和41年・提供＝西村奈苗氏〉

的場幼稚園の降園風景　園での一日を終え、帰り支度をした園児たち。家族のお迎えを待つ間も、おしゃべりをして楽しそうだ。〈広島市南区的場町・昭和41年・提供＝西村奈苗氏〉

亀山みどり保育園の発表会　浄土真宗・報恩寺が運営する保育園（現亀山みどり子ども園）。この日講堂では、園児たちが保護者らの前で、歌を披露した。〈広島市安佐北区亀山・昭和41年頃・提供＝宮川正人氏〉

袋町小学校の運動会　徒競走で校庭を力いっぱい走る児童たち。袋町小学校は、明治6年新川場町（現中区小町）の戒善寺に「就将館」として開校した。平成14年、原爆の被害を免れた西校舎の一部は保存され、「平和資料館」として開設されている。〈広島市中区袋町・昭和54年・提供＝栗栖勝彦氏〉

広島県立広島工業高校の体育祭　綱引きの種目は応援団が出動して白熱した勝負となった。同校は、明治30年広島県尋常師範学校内に広島県職工学校として開校した。戦後しばらくは皆実高校へ統合されていたが、昭和28年に独立し現在の出汐町へ移転する。現在の校名に改称されたのは同43年。男女共学校ではあるが、当時は男子学生が大半だった。〈広島市南区出汐・昭和51年・提供＝野村伸治氏〉

大下学園祇園高校春の遠足　入学したての1年生の春の遠足は、親睦も兼ねて広島市植物公園へ行くのが慣例だった。写真の生徒たちは、大下学園のセーラー服の制服を着た最後の世代になる。〈広島市佐伯区倉重・昭和60年・提供＝山本直美氏〉

矢野中学校の運動会　弾むように走る学生たち。同校は、戦後の新学制で創立した鼓浦中学校からすぐに分離し、矢野中学校として独立している。昭和50年の広島市との合併以降、矢野もベッドタウン化して住宅が増えてきた。〈広島市安芸区矢野東・昭和53年・提供＝小林和典氏〉

可部中学校の校庭　体操座りをする女子生徒の背後に見えるのは、プレハブの建物。バブル期へ向かおうとしていた当時、広島市郊外には団地が建てられ、人口も増えていった。生徒数の増加に伴い、同校のように仮の校舎で対応する学校も多かったという。〈広島市安佐北区可部・昭和58年・提供＝杉本洋子氏〉

五日市中学校の玄関　撮影当時は町立だったが、五日市町が昭和60年に広島市へ合併し、広島市立となった。同22年設立で、30年代に入ると生徒数が増え、52年に五日市南中学を、60年に入ると五日市観音中学校を分離開校している。〈広島市佐伯区五日市中央・昭和58年・提供＝髙山由里子氏〉

海田中学校のビッグアート　校庭に描かれたのはビッグアートコンテスト参加作品。現在は校庭の西（写真上）にあったプールがなくなっており、校地の北側（写真右）に東広島バイパスが通っている。〈安芸郡海田町幸町・平成元年・提供＝坪井美保氏〉

南観音小学校の運動会
競技種目の合間に行われた親子ダンスは、ほっと一息つけるプログラムだった。現在は、児童によるリズムダンスやチアダンスなどに変わりつつある。〈広島市西区南観音・昭和51年・提供＝山本昌子氏〉

中島小学校の運動会　当時は、胸もとがジッパー式の白い体操服で、男子は白い短パン、女子はブルマだった。昭和54年から体操服に校章がプリントされた丸首タイプに変更されていった。〈広島市中区加古町・昭和53年・提供＝山田君子氏〉

東海田小学校の運動会　初めての運動会で、一生懸命に取り組むのは1年生の児童たち。種目はマットや跳び箱を使った障害物競走で、家族もわが子の活躍に一喜一憂しながら拍手を送った。〈安芸郡海田町浜角・昭和56年・提供＝坪井美保氏〉

舟入小学校の人文字
同校は昭和10年に創立された。人文字の空撮は、当時、卒業アルバム用として全国の学校で行われていた。この頃は、人文字で校章を描くのに十分な数の児童がいたことわかる。〈広島市中区舟入南・昭和57年・提供＝山本由紀氏〉

東海田小学校の人文字　同校は、明治7年に奎運舎《けいうんしゃ》として海田町寺迫の長谷寺に創設されたのが始まり。撮影当時は第二次ベビーブーム世代が小学生で、児童数が多かったことから、人文字も毎年のように撮影されていた。校地の上に見える建物は、広島電機大学附属高校（現広島国際学院高校）の校舎。〈安芸郡海田町浜角・昭和59年・提供＝坪井美保氏〉

矢野小学校卒業式の日に　長慶寺本堂で創立した啓迪《けいてき》舎が同校の始まり。戦後は学制改革により、矢野町立矢野小学校として再スタートし、矢野町が広島市へ合併した昭和50年に広島市立となった。この年に矢野小学校から矢野西小学校が分離開校している。〈広島市安芸区矢野西・昭和62年・提供＝吉武多恵氏〉

東海田幼稚園の運動会　東海田小学校の校庭を借りて行われた。揃いのジャージで走る園児たち。体は小さくとも力強い走りをしている。〈安芸郡海田町浜角・昭和55年・提供＝坪井美保氏〉

二葉幼稚園で端午の節句　新聞紙で折ったカブトを被って手には小さな鯉のぼりを持ち、行儀良く並んで撮った一枚。真言宗御室派の月光山明星院が運営している。明星院は毛利・福島・浅野三家の祈願寺として祀られた由緒ある名刹である。同園は平成24年度から認定こども園となっている。〈広島市東区二葉の里・昭和60年・提供＝森菜月氏〉

特集◆

坊田壽眞《かずま》と郷土童謡

呉の自宅にて　アップライトのピアノは、浜松の日本楽器（現ヤマハ）まで行き直接購入したもの。「社長が自ら選んでくれた」と自慢のピアノだったという。妻と生まれたばかりの娘と一緒に。〈呉市内・昭和初期・提供＝坊田謙治氏〉

全国各地で歌い継がれてきた、わらべうた、遊び歌、子守唄、盆踊り唄等、いつの頃に誰が詩を書き、節を付け、誰が歌いだしたのか。坊田壽眞は各地に出かけて、歌ってもらい譜に起こす採譜作業を通し、「これが日本の土から生まれた日本の歌である」として「郷土童謡」と名付け、生涯日本旋律の研究に情熱を傾けた。坊田の生きた大正から昭和の初めの時代、大正デモクラシー、昭和ロマンなどといった時代で、西洋から入ってきた文化芸術、音楽等との和洋折衷を良しとする風潮に、坊田は「西洋（洋楽）のそれに異を唱えるものではないが、先ずは日本の唄を調査研究し日本音楽を旋律学として確立、その上で和洋折衷を考えることが大切である」としている。

坊田壽眞は明治三十五年十月十日、広島県安芸郡本庄村字川角（現熊野町川角）に生まれた。人の才能、芸術、音楽は周囲の環境に影響を受けて育つといわれているが、坊田の周りはそれらしい環境のない寒村であった。

広島師範学校を卒業、小学校教員となり当時好評を受けていた児童雑誌『赤い鳥』のモットーとした「子どもたちに質の高い童話や童謡を与えたい」という言葉に共感を覚えたようである。『赤い鳥』に童謡作品を応募、三度推奨曲譜として入選している。

東京にて　唱歌担当教員として東京麻布三河台小学校に勤めていた頃。〈東京都内・昭和初期・提供＝坊田謙治氏〉

広島放送局にて子どもたちの合唱　写真の添え書きには「NHK JOFK 広島放送局」「6時の子どもの時間」「1年生、2年生」とあり、「土肥 音楽部 三日月會」のスタンプが押されていた。〈広島市内・昭和初期・提供＝坊田謙治氏〉

海外放送記念　坊田は音楽教育の一環として、子どもたちをラジオに出演させることもあった。この写真には「海外放送記念」の添え書きがあった。〈場所不祥・昭和10年・提供＝坊田謙治氏〉

教員として教壇に立つかたわら、わらべうたの採譜作業をしながら童謡の作曲家として何を目指したのか、それは坊田の言葉として「土の匂いのある歌を子どもたちの歌の中に」に表れている。

坊田は「かごめかごめ」「うさぎ」「茶つぼに追われて」「とうりゃんせ」等、日本人が口伝えに歌い継いだ唄を採譜している。わらべうたの採譜は「歌われなくなる歌の備忘録作り」だという論説もあり、坊田の採譜作業は結果としてそれに沿ったものであったようだが、彼自身の思いは違ったところにあった。昭和四年、東京麻布三河台小学校の唱歌担当教員として上京、子どもたちをラジオ放送に出演させたり、レコードの吹き込みをさせたり、器楽合奏を音楽教育に取り入れることを文部省に進言したりと、常に子どもの音楽教育に情熱を傾けた。

昭和十四年、病気療養のため帰郷。呉の高等女学校や女子教員養成所の講師を務めながら研究の集大成である『日本旋律と和声』を執筆刊行し、同十七年二月三日、三九歳四カ月の短い生涯を終えた。しかし坊田の思いは、児童音楽教育の場に脈々と引き継がれている。

坊田が郷土童謡にこだわったのは何故か。「日本の自然の美しさ、四季の移り変わり、そして、そこに住む人々の心情が織り込まれた土の匂いのある歌」に、未来に続く日本の旋律を見つけようとしたのであろう。

（坊田謙治）

自宅玄関にて　坊田の妻・昶《のぶ》と次女・久子が並んで撮った一枚。門柱に「坊田」の表札が見える。〈安芸郡府中町内・昭和35年・提供＝坊田謙治氏〉

「坊田かずまの碑」　坊田の生誕地、熊野町川角の貴船神社境内に建立された石碑の前で坊田作曲の童謡を歌う、熊野第四小学校の児童たち。令和6年、坊田壽眞はその功績を認められ、熊野町名誉町民となった。〈安芸郡熊野町川角・平成22年・提供＝坊田謙治氏〉

6 汽車、電車、乗り物の思い出

広島市は、中国地方の中枢都市として鉄道、航空、船舶とさまざまな交通機関が各地を結ぶ交通の要衝となっている。

昭和四十年代は国鉄山陽本線が華やかな時代であった。昼間は「はと」「つばめ」「かもめ」「みどり」「しおじ」などの特急列車がひっきりなしに走り、九州各地と岡山、新大阪を結んでいた。夜は東京行きの「あさかぜ」「富士」「さくら」など寝台特急の全盛期であり、なかでも青い車体の寝台列車「ブルートレイン」がブームとなった。同時期には、呉線でも同四十五年まで、東京と広島を結ぶ急行「安芸」など大型蒸気機関車が牽《ひ》く長大な編成がみられた。しかし五十年に山陽新幹線の岡山～博多間が全線開通すると、懐かしい昼間の特急列車は廃止された。

一方、広島電鉄の路面電車は、全国各地の懐かしい車両が、現役で活躍している姿を見ることができるため、路面電車の「動く博物館」ともいわれる。現在では新型の超低床電車も多く導入され、令和七年開業を目指して、広島駅南口広場再整備や駅前大橋ルートの新設、市内中心部を環状で結ぶ循環ルートの整備などが計画されている。

昭和三十六年に旧広島空港が開港し、東京や大阪を結ぶプロペラ機が飛ぶようになった。同四十七年に滑走路が一八〇〇メートルに延長され、五十四年に初めてのジェット機・ボーイング七三七型機が乗り入れると、プロペラ機の約半分の一時間で東京まで行けるようになった。ただ当時のジェット機は騒音がすさまじく、府中町からでも離陸の音が聞こえるほどだったという。五十八年にはさらに大型のボーイング七六七型機が就航。市内へのアクセスの良さからのちに全日空も乗入れ、東亜国内航空、日本航空と合わせて三社で運航するようになった。同空港が現在の三原市本郷町へ移転する平成五年までが最も活気があった。

船舶では広島港と九州、四国、離島が客船やフェリーで結ばれていた。昭和四十五年に広別汽船が広島～呉～宮島～別府を五時間半で結ぶ「阿蘇」（ハニーライン）を就航。同四十九年には広島（出島）と宮崎（日向）を結ぶ日本カーフェリーも就航した。当時、新婚旅行のメッカであった宮崎などの九州方面へ、たくさんの人が利用した。長距離の船旅はとても魅力的であった。一方で狭い水道を航行する瀬戸内海では、日本カーフェリーの衝突沈没事故も起こった。四国とは広島～松山が水中翼船とフェリーで結ばれていた。また、四十七年には広島港（出島）と大阪南港を約十時間で結ぶ広島グリーンフェリーが就航した。翌年、オイルショックで減便されるまでは朝と夜の二便体制だった。昼間の瀬戸内海を走ると、たくさんの船や島を眺められてとても感動した。だが、私たちに船旅を楽しませてくれたこれらの航路も、本州四国連絡橋や高速道路の開通により減便または廃止されてしまったのである。

（川本宏幸）

広島駅玄関　旧駅舎は原爆により周辺で発生した火災が燃え移り全焼。木造の増築部分は壊滅した。昭和24年、駅舎の手前に出札室が増築され復旧が一段落した。写真右上の二葉山中腹には広島東照宮が、左上には駅の裏手にあった二葉の里の国鉄官舎が見える。駅の右手に「生かき」の看板を掲げる牡蠣土産店は場所は変わったが、広島駅ビルASSE《アッセ》が閉館する令和2年まで営業していた。〈広島市南区松原町・昭和32年頃・提供＝上長瞳氏〉

タクシー・バスが並ぶ広島駅前　大正8年着工、同11年完成の2代目広島駅舎は、日本初の鉄筋コンクリート造の駅舎。昭和2年12月、広島駅構内に円タク（1円均一タクシー）の営業が許可された。広島市内での本格的なバス運行は、同3年に広島乗合自動車によって始まった。写真のバスの社名は読み取れない。〈広島市南区松原町・昭和初期・個人蔵〉

増築後の広島駅舎　戦後に政府は漢字の字体の標準を定め、「駅」は昭和21年告示の当用漢字表、「広」は同24年告示の当用漢字字体表に採用された。当駅正面では「廣島驛」（中国新聞によると昭和21年2月25日設置、短期間で撤去）、「廣島駅」（同24年増築部の外壁）、「広島駅」（屋上）の計3種の表記が用いられたようだ。「駅」「広」は、戦前も手書きで俗に使われていた略字体である。〈広島市南区松原町・昭和33年・撮影＝鈴木靖人氏〉

広島駅新駅舎・祝開業　3代目駅舎「広島ステーションビル」は地上6階一部7階建てで、当初は展望浴場（7階）やホテル、映画館を備えていた。戦後に国鉄と民間の共同出資により建設された、商業施設併設の駅舎「民衆駅」の一つ。平成11年の改装でビルはASSEという名になり、令和2年に営業を終了して解体された。〈広島市南区松原町・昭和40年・写真提供＝崎藪清蔵氏〉

宇品線の気動車　12月、広島駅0番線に停車する宇品線キハ04形104号ほかの2両編成。当時の同線は国鉄有数の赤字線で、昭和41年12月以降は広島～上《かみ》大河《おおこう》間の通勤通学定期客専用列車（昭和47年廃止）のみ旅客営業を行う特殊な状態になる。駅ビルと右のホームの間の3線は同線専用で、のちに撤去された。〈広島市南区松原町・昭和40年・撮影＝佐藤進一氏〉

宇品駅　国鉄宇品線は広島駅から南に進み、海岸の直前で西に曲がり終点の宇品駅に着く。日清戦争から太平洋戦争まで軍事上重要な路線で、「軍都」広島と、海外派兵の拠点・宇品港を結んだ。昭和20年代は通勤通学客が非常に多かった。同41年に上大河～宇品間、47年に広島～上大河間の旅客営業が廃止されたが、61年まで貨物列車が走った。広島競輪場のすぐ南に宇品駅の構内が広がっていた。〈広島市南区宇品海岸・昭和40年・撮影＝佐藤進一氏〉

広島駅に並ぶ特急・急行
14時58分頃、1～3番線に特急「しおじ」（181系電車・新大阪～広島間）、特急「はと」（581系電車・新大阪～博多間）、「あき」（C59形162号牽引）が並ぶ。「あき」は東海道・山陽本線、呉線経由の夜行急行。上りは15時に始発駅の広島を出て、翌朝に東京駅に着く。〈広島市南区松原町・昭和44年・撮影＝鈴木靖人氏〉

可部線からSL引退　広島駅付近の広島運転所で待機するC11形328号。可部～加計間で、同機が客車を牽くさよなら列車が3月18日に運行された。可部線の蒸気機関車による運行は同区間1往復の旅客列車と、その合間の戸河内～可部～東広島（現広島貨物ターミナル）間の貨物列車（ともにC11形牽引）のみ最後まで残った。〈広島市南区東駅町・昭和46年・提供＝栗栖勝彦氏〉

芸備線全線復旧　平成30年7月豪雨（西日本豪雨）で橋梁が流失するなど一部運休となっていた芸備線が、この年の10月23日に全線で運転を再開した。沿線各地では約1年3カ月ぶりの復旧を祝う記念式典が執り行われた。写真右は再出発を期して運行された「◯◯のはなし」の車両の特別列車。〈広島市南区松原町・令和元年・提供＝平澤緑氏〉

向洋《むかいなだ》駅　当駅は現広島市南区の向洋地区とはかなり離れている。『駅長さんの書いた駅名ものがたり』によると、大正9年の開業時、駅名は「安芸府中」となる予定だったが、駅新設に尽力した人の多くが同地区の住民だったので変更されたという。東洋工業（現マツダ）の工場進出による乗客増に伴い、昭和17年に完成したこの駅舎は令和6年現在も現役。ただし高架化工事のため解体が予定されている。〈安芸郡府中町青崎南・昭和29年・提供＝府中町教育委員会〉

広島駅へ向かう蒸気機関車　向洋～広島間を撮影。昭和39年に山陽本線の全線電化が完了しているが、同40年代半ばまではまだ蒸気機関車が走っていた。〈広島市南区荒神町～松原町・昭和45年・提供＝栗栖勝彦氏〉

中野東駅開業　平成元年８月に地元住民待望の新駅が設置された。写真は東口で、開業当日に撮影されたもの。同23年にはエレベーターが取り付けられ、バリアフリー化工事が完成した。〈広島市安芸区中野・平成元年・提供＝古川了永氏〉

瀬野駅と瀬野機関区　瀬野～八本松間、通称「瀬《せ》野《の》八《はち》」は山陽本線最大の難所で、八本松まで上り急勾配が約10キロ続く。この峠越えのため、上り列車は補助機関車（補機）が後押しした。瀬野八は昭和37年に電化されたが、補機には同39年まで蒸気機関車（D52形）が使われ続けた。写真ではD52形と、38年から補機として導入されたEF59形電気機関車が待機している。〈広島市安芸区瀬野・昭和39年・撮影＝田野城喬氏〉

廃止直前の「日向」　昭和50年3月10日の山陽新幹線・岡山～博多間開業に伴い、本州と九州を結ぶ多くの特急、急行列車が廃止となった。写真は特急「日向」の最後の雄姿で、同年3月に長者原付近で撮影されたものである。〈広島市安芸区中野・昭和50年・提供＝古川了永氏〉

近代的な安芸長束駅舎　横川から可部線で2つ隣の駅。当駅の現在地に初めて駅ができたのは、広島電気による昭和3年の路線ルート変更時（当時は大師停留場）。ただし当駅の開業日を、大日本軌道の路線として横川～祇園間が開通した明治42年の11月19日（実際の開通は同年12月19日）とする文献も多い。写真の駅舎は昭和24年築で、同年築の横川駅舎（現存しない）、翌年築の可部駅舎とやや似ている。〈広島市安佐南区長束・昭和29年頃・提供＝内田恵子氏〉

可部線の鉄橋　可部線は明治42年に軽便《けいべん》鉄道として開業。電化と、軌間（レール幅）を広げる工事は、昭和3年にまず横川～古市橋間が完成。以後も一部区間を休止して工事を進め、横川～可部間全線完成後の同5年に全線通《とお》し運転を再開した。これで国鉄と同じ軌間になり、11年には国有化された。元南武鉄道の電車が渡っている鉄橋（現祇園1丁目33番付近）は、長束3丁目で安川に合流する放水路。今は整備されて周囲は住宅街となり面影はない。〈広島市安佐南区祇園・昭和30年・提供＝大田哲雄氏〉

下祇園駅で同級生と　昭和18年以降長らく使用されていた同駅の駅舎は、令和6年に橋上駅舎へと建て替わった。駅周辺は宅地開発が進み、当時は多くあった工場も今はない。三菱重工広島工場の場所には現在イオンモール広島祇園が建っている。〈広島市安佐南区祇園・昭和62年・提供＝山本直美氏〉

増築中の可部駅舎（現東口）　当時、可部線の電化区間は横川～可部間のみで、平成15年に非電化の可部～三段峡間が廃止され、昭和11年以来67年ぶりに可部が終点になった。それ以降、可部線は現在まで全線が電化区間となっている。平成29年の可部～あき亀山間延伸（廃止区間の一部を復活）の際に中間駅に戻り、西口改札が新設された。〈広島市安佐北区可部・昭和51年・撮影＝葛英一氏〉

可部駅のホームで　昭和33年4月1日から5月20日まで開催された「広島復興大博覧会」と福屋八丁堀店へ向かうところ。広島復興大博覧会は、文字通り広島の復興を祝って開催され、平和記念公園や平和大通りを会場とし、延べ90万人も入場したという。博覧会開催時には、福屋百貨店も「うまいもの大会」などを企画し多くの人を集めた。当時の可部線の終点は加計駅だが、電車用線路は可部駅で行き止まりになっていた。〈広島市安佐北区可部・昭和33年・提供＝玉井満氏〉

安芸飯室《いむろ》駅　昭和11年6月の開業。同29年に加計駅に延伸するまでこの駅が終点駅だった。44年にはさらに三段峡駅まで路線が延長されたが、平成15年に可部〜三段峡間が廃止となり、同駅も廃止となった。その後駅舎は残されたままだったが、近年はカフェとして利用され、地域の憩いの場となっている。〈広島市安佐北区飯室・昭和51年・提供＝栗栖勝彦氏〉

旧太田川を渡る貨物列車　山陽本線広島〜横川間の旧太田川を西へ渡る、C11形牽引の列車。同線は電化されていたが、蒸気機関車が牽《ひ》く列車は広島機関区所属のC11形（可部線直通）、同D51形（岩徳線直通）担当分がまだわずかに残っていた。このすぐ東の川沿いに、平成27年に新白島駅が開業する。〈広島市中区西白島町、白島北町・昭和45年・提供＝栗栖勝彦氏〉

太田川放水路を渡る新幹線
この年に山陽新幹線岡山～博多間が延伸開通した。太田川放水路に架かる橋梁を東に望んでいる。新幹線が西区山手町に入り、新岩国方面へ向けて走っているところ。左端に見える山陽本線の橋梁（横川～西広島間）は、昭和38年の同線ルート変更時に開通。旧線より少し北に位置する。〈広島市西区山手町・昭和50年・提供＝栗栖勝彦氏〉

横川駅から西を見る　6月、山陽本線の貨物列車が横川駅に入る。太田川放水路建設により、可部線は昭和37年10月、山陽本線は翌年6月に同駅周辺の高架化・ルート変更が行われた。広島～横川間の電化は同37年10月だが、実際は翌年でも横川駅構内などの山陽本線列車用の線路は非電化のままだった。業界誌『電気鉄道』によると、可部線の電車を広島に回送して検修するために必要な部分を電化したようだ。〈広島市西区横川町・昭和37年・撮影＝豊永泰太郎氏〉

横川駅の通運会社　横川駅西方を走る山陽本線の北側車窓から、同駅貨物ホーム周辺を見る。すでに高架化されていたが、のちに同駅を横切る新幹線の高架に比べると、かなり低い位置である。左の建物は日本通運、広島通運、広島運輸の営業所または支店で、その右奥に留置中らしき可部線の電車が少し見える。横川駅の貨物営業は昭和55年に廃止された。〈広島市西区打越町・昭和40年・撮影＝佐藤進一氏〉

西広島駅でのD51 当時、D51形が広島～岩国間1往復や岩徳線の旅客列車を牽いていた。呉線無煙化後の広島に残った、数少ない蒸気機関車の一つである。写真は西広島（旧己斐）駅に停車するD51形395号。同機はこの年に廃車となり、山口県の徳山動物園に展示されたが令和6年10月に展示場所から搬出された。翌年まで修繕・塗装などが行われる予定。〈広島市西区己斐本町・昭和46年・提供＝栗栖勝彦氏〉

山陽本線を走る特急「あさかぜ」 東京～下関·博多間を結ぶ寝台特急「あさかぜ」が現在の新井口《いのくち》駅付近を西広島駅方面へ向かっている。写真は広島市の西部開発事業が竣功した頃で、左側の埋立地にはすでに多くの建物が建っている。この後の昭和60年に新井口駅が開設される。〈広島市西区井口·昭和57年·提供＝栗栖勝彦氏〉

電化後の国鉄五日市駅 EF58形49号電気機関車が牽く列車が五日市駅に入る。駅の跨線橋《こせんきょう》が見えないので、ホーム東側での撮影と分かる。昭和39年7月の横川～五日市～小郡間の電化により、山陽本線の全線電化が完成した。先に電化済みの広島～横川間では、ようやく本格的な電気運転が始まった。右端は広島電鉄宮島線の線路。〈広島市佐伯区五日市駅前・昭和40年・撮影＝佐藤進一氏〉

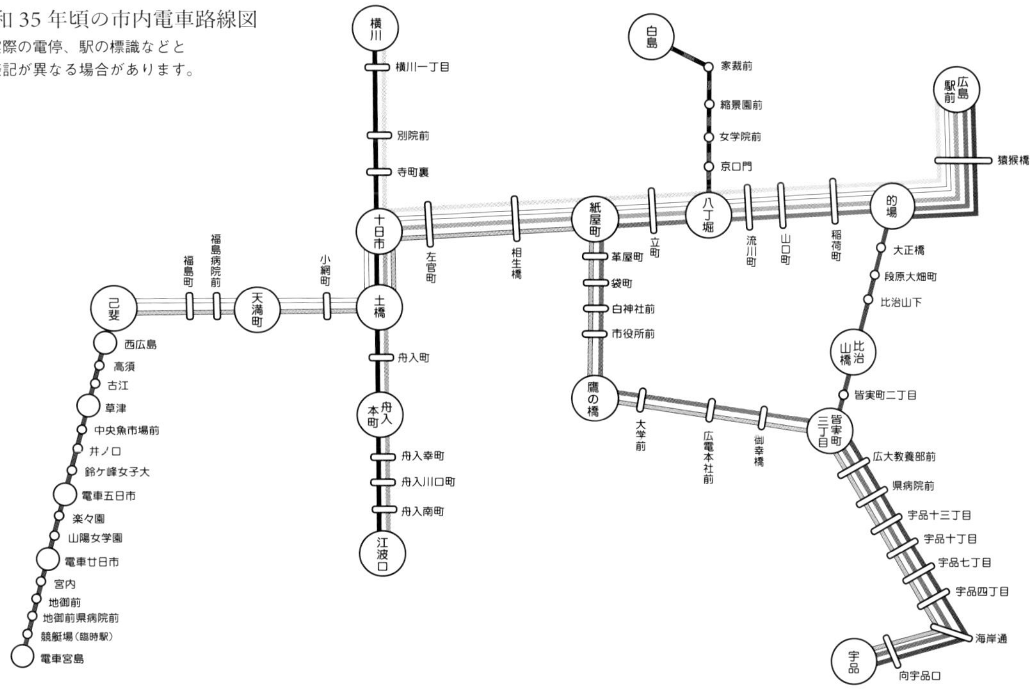

昭和35年頃の市内電車路線図
※実際の電停、駅の標識などと表記が異なる場合があります。

広島駅前の歩道橋　奥のクリーム色の歩道橋は昭和43年5月1日に開通し、横断歩道は廃止された。その直前の同年4月21日撮影。延長129メートル、階段7か所と大規模で、当時の市政要覧では「マンモス歩道橋」と紹介された。当時の宮島線・市内線直通用の電車は、ピンクの帯が入る塗装（直通色）に統一されており見分けやすかった。〈広島市南区松原町・昭和43年・撮影＝白井健氏〉

駅舎改築中の広島駅前　原爆で全焼した広島駅舎は改修・復旧され、昭和24年に駅舎正面に張り出す出札室が増築された。それでも手狭で改築が決まり、同39年5月7日に仮駅舎を使用開始。同月22日に新駅舎の起工式が行われた。電車の右に見える仮駅舎の背後で、やがて鉄骨が組み立てられてゆく。大きな看板の奥は広島中央郵便局（のちの広島東郵便局）。11月撮影。〈広島市南区松原町・昭和39年・撮影＝佐藤進一氏〉

的場町電停付近　電車はこれから荒神《こうじん》橋を渡り、猿猴橋町《えんこうばしちょう》電停へ向かうところ。荒神橋は現存する被爆橋の一つ。令和7年に予定されている広電の駅前大橋線が開通すると、荒神橋経由の軌道は廃止される。対岸の藤田荒神ビル屋上に、日立の宣伝看板（のちに撤去）が見える。5階建ての同ビルは今もあるが、周辺に更に高いビルが建ち並び目立たなくなった。〈広島市南区的場町・昭和52年・撮影＝白井健氏〉

八丁堀電停　写真奥が紙屋町方面。電車はこれから手前へ進み胡町《えびすちょう》へと向かう。〈広島市中区八丁堀・昭和43年・撮影＝白井健氏〉

立町《たてまち》電停　左端の「第二広電ビル」の右隣の毎日会館の場所に、昭和45年に「日本生命広島第二ビル」が完成。更に両ビルは広島電鉄・日本生命2社共同で1棟に改築され、平成29年に16階建てオフィスビル「スタートラム広島」が完成した。毎日会館の右隣は映画館の広島東映劇場。現在はそこに、ハンズ広島店などが入る広島東映プラザビルがある。〈広島市中区八丁堀・昭和37年・撮影＝奥野利夫氏〉

朝日会館　453号の奥は広島朝日ビル（昭和33年築、平成22年解体）。その7～9階の映画館・広島朝日会館の名の方が通りが良い。3階に朝日新聞社広島支局、1階に三和銀行広島支店が入っていた。右で新築工事中の第二広電ビルはこの年に完成する。両ビルの間の道路上に出された横断幕は、国産初の70ミリフィルム劇映画「釈迦」の宣伝のようだ。〈広島市中区基町・昭和37年・撮影＝奥野利夫氏〉

紙屋町電停とバスセンター　鉄骨木造2階建ての広島バスセンター（初代）の前に、460号が到着。左には広島市民球場が少し見える。球場完成と同じ昭和32年に開設された同センターでは、待合室、出札窓口、食堂などが入るこの建物の奥の、地上に設けられたホームにバスが発着していた。〈広島市中区基町・昭和37年・撮影＝奥野利夫氏〉

紙屋町電停　紙屋町交差点を西から東方面に望んでいる。写真左奥は広島第一生命ビルディング。写っていないが電車左の場所には広島バスセンターがある。乗用車やバスが入り混じり、交差点内は混雑している。〈広島市中区基町・昭和43年・撮影＝白井健氏〉

原爆ドームと広電　この年に製造された555号が横切る。現在はこの付近に横断歩道があり、右の川本商会跡地は平和記念公園の一部になっている。原爆ドームはのちに崩壊が進み、外観がやや変わったが、現在は木々に隠れてこの位置からはあまり見えない。〈広島市中区大手町・昭和30年・撮影＝佐藤進一氏〉

十日市町電停から東を見る　戦後の道路拡幅の影響で、相生橋西詰～十日市町間の軌道は途中にカーブがあったが昭和31年までに直線化された。左端は油《あぶら》屋《や》町《ちょう》（当時）にあった新田鋼材株式会社。文政5年（1822）成立の『知新集』に、油屋町について「むかしより油商人多く住ける故名つく」とある。この町名は、昭和40年に十日市町1丁目などに変更されて消滅した。〈広島市中区十日市町・昭和28年・撮影＝生地健三氏、提供＝高見彰彦氏〉

十日市町電停　東方向を望んでいる。現在のような上屋や防護柵などが何も設置されておらず、ホームのみである。写真の左端に、上写真と同じ新田鋼材が見える。現在、その跡地には15階建てマンションがある。〈広島市中区十日市町・昭和44年・撮影＝白井健氏〉

土《ど》橋《ばし》電停　北を望んでいる。写真手前で本線と江波線に軌道が分岐する。〈広島市中区堺町・昭和43年・撮影＝白井健氏〉

西観音町《にしかんおんまち》電停　太田川改修工事に伴う新己斐橋完成により軌道が南に移設され、その新線上に昭和39年に新設された電停。周囲に空き地も多く、車もまだ少ない。〈広島市西区西観音町・昭和43年・撮影＝白井健氏〉

福島町電停　写真奥に新己斐橋が見える。新己斐橋建設にあたり軌道のルートが変更となり、昭和39年9月の新線への移設に合わせて福島町電停も移設された。〈広島市西区福島町・昭和43年・撮影＝白井健氏〉

己斐《こい》電停　太田川放水路の建設により国鉄己斐駅（昭和44年に西広島駅に改称）周辺の土地区画整理事業が行われ、市内線と宮島線の直通運転が可能になった。昭和33年に定期的な直通が始まった当初は本数が少なく、草津止まりだった。直通電車がない時は、己斐電停と隣の宮島線西広島駅の間で乗り換える必要があった。己斐電停は平成13年に広電西広島駅に統合された。写真奥は駅ビルの広電会館。〈広島市西区己斐本町・昭和43年・撮影＝白井健氏〉

古江駅を出る1014号　宮島線最古の駅の一つで、ホームは開業以来、移設・延伸など複雑に変化してきた。大正11年に広島瓦斯《がす》電軌（現広島電鉄）により己斐町（現広電西広島）〜草津町（現草津）間が開通した時は、中間駅が高須と古江しかなかった。〈広島市西区古江西町・昭和27年・撮影＝佐藤進一氏〉

広電の新車搬入　兵庫県のナニワ工機で製造された市内線の新車、850形852号が五日市駅まで貨物列車で運ばれてきた。国鉄線と宮島線の間に直角に仮のレールを敷き、トロッコに車体を載せて宮島線側に横移動させている。のちにこの方法は使われなくなり、近年の新車はメーカーから自動車（トレーラー）で運ばれる。850形（のちの350形）はこの年から数年間、宮島線直通に使われた。〈広島市佐伯区五日市駅前・昭和33年・撮影＝筏井満喜夫氏〉

宮島線楽々園駅で電車観察　廿日市行き2512+2511（左）と、西広島行き2503+2504の2500形同士が並ぶ。2500形全14両のうち10両は新造車だが、2511～2514は旧大阪市電の車体・台車を流用したため他と外観が異なる。市内線直通運転可能の低床車は奥の低いホーム、宮島線専用の高床車は手前の高いホームを使用した。〈広島市佐伯区楽々園・昭和43年・撮影＝白井健氏〉

楽々園駅の旧駅舎　昭和10年に開業した塩浜駅が、楽々園遊園地の開園に合わせて翌年に楽々園駅に改称。更に同40年に楽々園遊園地駅に改称したが、46年8月31日に遊園地が閉園したので翌日から駅名が楽々園に戻った。この駅舎は昭和55年に火災で焼失し、現在は同61年築、4階建ての駅ビルがある。〈広島市佐伯区楽々園・昭和27年・提供＝児玉ひろ子氏〉

鷹野橋電停付近　千田通りを南東に向かう広電宇品線から、元大阪市電1801形の765号を撮影。通りの右には広島メガネ院、音響堂（レコード店）などが並ぶ。左奥の横断歩道の手前を左折すると、千田通りと駅前通りを繋ぐ道路に出る。〈広島市中区国泰寺町・昭和43年・撮影＝白井健氏〉

色鮮やかな花電車　昭和54年5月のフラワーフェスティバルを盛り立てる花電車が、広電本社前電停の細いホームに到着。奥のビルは塗装工事中。カープがリーグ優勝（のち日本一）を果たした同年10月から、車体の上半分を撤去した本格的な花電車が登場した。同電停では平成30年、上屋、冷暖房完備の待合所付き、幅約3メートルの立派なホームが上下線それぞれに完成した。〈広島市中区東千田町・昭和54年・撮影＝大槻明義氏〉

広島海上ビル　昭和34年に完成した広島海上ビルに、翌年12月に広島銀行宇品支店が移転してきた。同店は同54年、現在地の宇品御幸に移転した。海上ビルの1階は現在、広島市宮桟橋の乗船待合室として使われている。のちの広島高速3号線の建設、それに伴う道路の拡幅などにより、周辺の景色は変化が激しい。〈広島市南区宇品海岸・昭和40年・撮影＝佐藤進一氏〉

海岸通電停　己斐（現広電西広島）行きの456号が北へ遠ざかろうとしている。広島信用金庫宇品支店は建て替えられてはいるが、今も同じ場所にある。当時の海岸通電停は、現在地より約60メートル南にあった。今のようなホームは無く、路上から直接乗り降りした。〈広島市南区宇品海岸・昭和40年・撮影＝佐藤進一氏〉

県営桟橋前の宇品電停
昭和22年の県営桟橋の完成に対応して、同26年に広電宇品線が向宇品（現元宇品口）電停から西に200メートル延伸。その時に終点として新設された「宇品終点」電停は、35年に「宇品」に改称された。軌道の突き当りは県営桟橋の建物。右に瀬戸内海汽船の松山行きフェリー「シーパレス」や、水中翼船の広告が小さく写っている。〈広島市南区宇品海岸・昭和40年・撮影＝佐藤進一氏〉

移転した宇品電停　広いホームに705号と555号が停車中。広電宇品線の末端部は東西方向に延びていたが、県営桟橋の移転により再び延伸された。昭和42年、西端の旧終点から南西に曲げて158メートル延伸され、宇品電停は新たな終点位置に移った。新旅客ターミナル完成のため平成15年にさらに200メートル延伸された。終点は平成13年から「広島港（宇品）」というカッコ付きの名称になった。〈広島市南区宇品海岸・昭和43年・撮影＝白井健氏〉

江波《えば》車庫　江波線の終点、現江波電停の先に開設された車庫。広電バスの車庫と隣接している。〈広島市中区江波西・昭和43年・撮影＝白井健氏〉

江波口（現江波）電停付近　江波線は戦時中の昭和18年に軍の要請で土橋～舟入本町間が開業、翌年に舟入南町まで延伸された。写真の江波口電停は、同27年に江波線が舟入南町から延伸した際、終点の江波車庫前として開業した。江波線の電停名の変遷は複雑で、戦後の一時期、「舟入南町」は「江波口」と呼称されていたが、昭和35年頃「舟入南町」に戻った。同時期に「江波車庫前」が「江波口」と改称するも、その後、現在名称の「江波」になっている。〈広島市中区江波西・昭和43年・撮影＝白井健氏〉

横川電停　広島瓦斯電軌時代の大正６年、横川線開業と同時に開設された。平成15年にはJR横川駅前広場へ同電停が移設され乗り換えが便利になった。車両には福屋向かいにあった広島東宝と、広島駅東にあった広島日劇の名前が見える。〈広島市西区横川町・昭和44年・撮影＝白井健氏〉

白島《はくしま》電停　大正元年の開業時に開設された電停の一つ。写真右側の広告看板に見える「西林のパン」が懐かしい。〈広島市中区東白島町・昭和43年・撮影＝白井健氏〉

大手町八丁目バス停　観音・三菱方面行きの広電バス停留所前で道路は国道２号だろうか。おんぶ紐で赤子をおんぶした母親がこれからバスに乗るところだろう。大手町八丁目は昭和40年４月に区域が変更となって消滅、写真のバス停名も今はない。〈広島市中区大手町・昭和36年・提供＝西村奈苗氏〉

平和記念公園内で　場所は「祈りの泉」辺り。周辺はロータリーのようになっていて、当時は自家用車で乗り入れることができた。車はコルト1000の初代。〈広島市中区中島町・昭和42年・提供＝宮川正人氏〉

愛車とともに　石原プロ制作の刑事ドラマ「西部警察」が大ヒットしていた当時、出演俳優の格好を真似する若者も多かった。写真提供者も、自慢の愛車の前でバッチリきめた一枚。撮影場所は、新築した自宅がある高陽ニュータウンのＣ団地付近である。一帯は広島県住宅供給公社が昭和47年から開発を始めた住宅団地で、後ろには造成中のＡ団地も見える。〈広島市安佐北区倉掛・昭和54年・提供＝崎藪清蔵氏〉

朝の交通整理　府中中学校の生徒たちが横断歩道を渡っている。まだ信号機が設置されておらず、この頃は警察官が朝の交通整理を行っていた。〈安芸郡府中町宮の町・昭和30年頃・提供＝府中町教育委員会〉

埃宮《えのみや》通りを走る広電バス　多家神社（埃宮）付近の狭い道路を広電バスが走る。広島市へ向かう広電バスは多くの府中町民が利用した。道路の右側にえのみや郵便局、左側に今でも営業する中華料理店・大鳳閣がある。通称バス通りは道幅が狭く、軽自動車でも路線バスとのすれ違いにひと苦労。バスの後ろには乗用車が列をなしている。現在は路線変更によりバスは通らなくなった。〈安芸郡府中町本町・昭和60年・提供＝川本宏幸氏〉

広島港に停泊するグリーンエース　広島グリーンフェリーが運航していた大型フェリー。昭和47年から就航。広島港と阪神の大阪南港を結び、翌48年には約30万人の乗客数を記録した。しかし同52年から乗客数が減り始め、57年に廃止された。〈広島市南区宇品海岸・昭和48年・提供＝川本宏幸氏〉

似島への連絡船　似島への専用連絡船が就航したのは大正時代末期で、定期運行となるのは昭和10年代に入ってからである。長らく旅客専用の船だったが、同40年代末になるとフェリーが運行するようになり車が乗り入れできるようになった。写真のフェリーは54年に新造した「第五こふじ」。似島行きは、当時広電の宇品（広島港）電停からすぐのターミナルだった。〈広島市南区宇品海岸・昭和61年・提供＝川本宏幸氏〉

フェリー「ことひら」 広島と四国の松山を結ぶ連絡船は戦前から観光、ビジネスにおいて重要な航路だった。昭和40年代にはフェリーで自動車航送が可能となり、水中翼船が就航すると、所要時間が一気に短縮された。「ことひら」は、もとは鞆～多度津航路に就航。三原～今治へ転配後、平成3年まで広島～松山航路で使用された。現在は、呉経由で松山とを結ぶカーフェリーや旅客船用の高速船が運航している。〈広島市南区宇品海岸・昭和61年・提供＝川本宏幸氏〉

広島空港　昭和36年9月15日、観音新町の県有地に1,200メートルの滑走路を有する広島空港が開港した。写真はまだ半年も経っていない頃の撮影である。長らく利便性の高い空港として県内外から利用されてきたが、利用客が増える中、増便や滑走路延伸の必要性など課題が山積となり、平成5年に三原市本郷町に新しく広島空港を開港した。写真の広島空港は同年に広島西飛行場と改称。同22年にすべての定期航空路線が廃止され、24年から広島ヘリポートとして供用が開始された。〈広島市西区観音新町・昭和37年・提供＝福重くるみ氏〉

広島空港の全日空機　駐機場の全日空機はJA8731（YS-11A）。垂直尾翼にはレオナルド・ダ・ヴィンチのヘリコプターをモチーフとした当時の社章が描かれている。〈広島市西区観音新町・昭和55年・提供＝川本宏幸氏〉

セスナ機に乗って　家族でセスナ機に搭乗した時の記念写真。母と姉妹はおそろいのワンピースを着ている。空港の場所は不明であるが、写真のセスナ機は広島吉島飛行場から発着していた「みたか号」と思われる。〈広島市内・昭和29年・提供＝内田恵子氏〉

広島空港から東京へ　写真提供者の祖母が旧広島空港から東京行きの機体（コンベア CV240）に乗り込むところ。当時仏教婦人会の会長を務めていた関係で東京へ行ったという。〈広島市西区観音新町・昭和40年・提供＝野村伸治氏〉

特集◆

広島の橋と町の歩み

大正橋　11月18日、猿猴川に架かる大正橋の開通式に招かれた地域住民を西詰で撮影。写真提供者の曾祖父三好利三郎とその妻スキの姿も中ほどに写っている。鉄筋コンクリート橋で現在の橋の下流側に架かっていた。この橋は宇品線による鉄道輸送のバイパスとして防衛目的で架けられたため、民間の自動車と牛馬車の通行が禁止されていた。〈広島市南区段原・大正12年・提供＝三好史久氏〉

「(広島じゅうの橋)どの橋にもその橋独特の形と雰囲気があるでしょ」吉永小百合主演の映画「愛と死の記録」にこのセリフがある。水の都・広島ならではのアクセントとなっているのが橋である。

一六世紀末期、毛利輝元が築城して以来、広島は城下町として栄えた。当時の橋は脆弱な木橋で、洪水による流失が繰り返されていた。また、敵の軍勢が大挙して攻め込めないよう、その数は最小限とされ、川には渡し船が行きかっていた。

明治になって架橋の制限が解かれると木橋の新設が相次ぎ、城下町から近代都市へと都市構造の変化が起こり始めた。この時代の橋の多くは豪商や篤志家の寄付によって架けられ、明治二十年代後半になるまで渡橋賃が徴取されていた。

こうした中で日清戦争が明治二十七年に勃発。帝国議会が広島で開かれるなど、軍都としての重要性が増し、水害に強い強固な橋の必要性が高まった。明治時代にこのような橋の第一号として完成したのが本川橋である。大正時代に入ると横川橋、猿猴橋、元安橋、己斐橋など絵葉書にされるほどの風格ある橋が次々と架けられた。

昭和時代になっても依然として木橋の架設は続いたが、京橋、御幸橋、相生橋、比治山橋、荒神橋などの堅牢で立派な橋も完成している。ところが、戦時下では金属が重要な資源となり、橋に取り付けられていた

鶴見橋　西側から京橋川対岸の比治山を背景に撮影。最初の木橋は亀屋円暁ほか5人の発起で架けられ、明治13年3月に開通した。当時は建物が河岸沿いに立ち並んでいた。橋名は、昔、比治山の麓に鶴を囲って見せる小屋があったことに由来するとも、このあたりに鶴の飛来があったからともいわれている。〈広島市中区鶴見町・明治後期～大正初期・個人蔵〉

柳橋　松本介三ほか19人の発起で、京橋側に架けられた。明治11年11月21日に開通し、同28年1月まで渡橋賃が徴収されていた。西詰の花街に柳の大木があり、柳橋と名付けられたといわれている。対岸には比治山が見える。〈広島市中区銀山町・明治後期～大正初期・個人蔵〉

金属製の装飾が取り外され質素なものとなってしまった。

昭和二十年八月の原子爆弾はデルタの橋に甚大な被害をもたらした。そして追い打ちをかけるように同じ年の九月の枕崎台風、十月の豪雨が橋に大きな打撃を与えた。

被爆による消失・落橋は八橋、その後の台風と水害で一部沈下を含め二十橋が通行不能となり、市民生活に大きな障害となった。

戦後の初期の復興過程では応急的な橋が架けられたが昭和二十五年のキジア台風や翌年のルース台風など、洪水の度ごとに橋が流失し、交通が遮断されたため幹線道路は全て強固な橋を架設することになった。

こうして戦後架けられた橋には、稲荷大橋、平和大橋、西平和大橋、住吉橋などランドマークにふさわしいデザインの橋がいくつかあるが、昭和五十年代半ばまでは増大する交通需要に対処すべく経済性や機能性を重視した橋の架設が主流となった。

萬代橋を皮切りに都市景観を意識した橋が再び次々と架けられるようになったのは、昭和五十五年に政令指定都市になってからである。

橋は交通の要としての機能や都市のランドマークとしての役割を持つとともに架けられた時代の世相を後世に伝える生き証人でもある。軍都としての威厳を示すかのような橋、経済的に余裕のなかった戦後の復興過程の橋、経済性と機能性が追究された高度経済成長期の橋、物の価値観が量から質へと変化し、橋にうるおいやゆとりが求められるようになった現代の橋――それぞれに架けられた時代の歴史を後世に伝えている。

（三好史久）

己斐橋①　3月28日に行われた己斐橋の渡り初め。橋面はアスファルト、高欄を花崗岩・鋼、青銅を照明などに使用した近代的な橋で多くの賞賛を得た。写真には高欄の一部と親柱が写っている。行列は神官、内田祭主、県下一の高齢者の山田夫妻、佐伯夫妻と続く。〈広島市西区己斐本町・大正15年・個人蔵〉

己斐橋②　当時、山手川に架かっていた己斐橋の歴史は古く、毛利氏の時代まで遡る。木橋は洪水によって流され、幾度となく架け替えられてきた。最後の木橋が竣工したのは明治37年。その後、河川改修により山手川と福島川に代わって太田川放水路が整備された。〈広島市西区己斐本町・明治後期・個人蔵〉

元安橋　かつての西国街道の経路にある元安橋の西詰を東から撮影。この橋の歴史は毛利時代に始まり、この写真に写っている最後の木橋は大正8年に洪水で流され、同10年にゲルバー鋼鈑桁橋がここに架けられた。橋名は毛利元就の八男、元康が架橋したことによるといわれている。また、元康の屋敷から橋に続く道を「元康路」といったのが由来ともいわれている。〈広島市中区大手町・明治後期～大正初期・個人蔵〉

相生橋と原爆ドーム　昭和9年10月6日に開通した相生橋の連絡橋から撮影。背景に写っている原爆ドームには保存のための補強材がまだ取り付けられていない。平和記念公園の照明灯も未整備。当時は原爆ドームの敷地内に立ち入ることができた。〈広島市中区中島町・昭和31年・提供＝福重くるみ氏〉

相生橋①　商工会議所ビルから西に向かって撮影。昭和7年11月に完成した相生橋は、同9年10月に連絡橋が開通しＴ字型となった。原子爆弾の投下目標にされたともいわれており、爆風により橋桁は変形し、北側の高欄は川に落ち、歩道の一部は水面に反射した爆風で持ち上がった。落橋は免れたため復旧して使用された橋は架け替えられ、昭和58年11月2日に現在の橋が完成した。〈広島市中区基町・昭和21年・米国立公文書館所蔵〉

相生橋②　親子が渡る相生橋の交通量は少ない。左端に写る被爆した商工会議所ビルは、この後建て替えられ、昭和40年10月9日に落成する。〈広島市中区基町・昭和37年頃・提供＝森長一宏氏〉

萬《よろず》代《よ》橋《ばし》　橋上から東に向かって撮影。初代の木橋は明治11年完成。明治の時代が永く続くことを願って「よろずよばし」と命名されたという。写真は木橋が架け替えられて大正5年3月12日に竣工した橋。原子爆弾による落橋を免れたが、炸裂時の閃光は高欄の支柱の影を橋面に鮮明に焼き付けた。橋の向こう側に広島市役所の建物が見える。〈広島市中区加古町・昭和20年頃・Randy N. Wentling氏寄贈、広島平和記念資料館所蔵〉

平和大橋　昭和27年6月3日に完成した平和大橋を西詰の平和記念公園から東に向かって撮影、彫刻家イサム・ノグチによるデザインの高欄が手前に写る。公園の東西に架かる橋の高欄は「生と死」をテーマにデザインされ、東側にあるこの橋の高欄は昇る太陽を象徴している。ノグチは当初この橋を「いきる」と名付けたが、完成間近に同名の映画が公開されたため、「生命」を表す「つくる」に改題している。東洋工業（現マツダ）製の三輪トラック、通称「バタンコ」が走っている。〈広島市中区中島町・昭和29年・提供＝内田恵子氏〉

平和橋　橋詰の蟹屋地区を南西から撮影。兄弟二人で猿猴川での魚釣りを楽しんでいる。兄の方は下駄履きである。この木橋は戦後初の新設橋として昭和23年に誕生した。橋脚は枕崎台風によって流失して下流側に移設された鉄道橋のものが流用された。橋名については地元の蟹屋と段原で意見が分かれた結果、平和的解決で決まったといわれている。〈広島市南区段原・昭和35年・提供＝三好史久氏〉

横川橋　西から東に向かって撮影。最初の横川橋は福島正則が城主だった江戸時代に架けられたといわれており、大正12年4月に木橋からこの鋼アーチ橋に架け替わった。写真は昭和に入ってからの撮影で高欄は当初の金属製と異なっている。その後、架け替えられて、現在の橋は昭和60年11月9日に開通した。〈広島市西区横川町・昭和36年・提供＝古川了永氏〉

南三篠橋　福島川に架かっていた南三篠橋の袂《たもと》に、母子3人が腰掛けている。福島川は昭和29年から始まった埋め立て工事で姿を消し、代わりに太田川放水路が整備された。〈広島市西区福島町付近・昭和25年・提供＝加藤雅子氏〉

7 スナップ写真で見る暮らしの諸相

昭和十六年二月、現在の北広島町（山県郡）で生まれた。奇しくも太平洋戦争開戦の年に生まれ、戦争の中育った。農家でも戦時中は自宅で食べられる食料は少なく、いつもお腹をすかしていたものだ。

昭和二十年八月六日、山の谷間から大きなキノコ雲が立ち上がるのを見た。「広島に大きな爆弾が落ちたようだ」と言う父の傍らで、幼いながらも見たこともない雲を不思議な気持ちで見ていた記憶がある。

戦争が終わっても生活は苦しく、中学卒業と同時に奉公に出された。当時は「米穀通帳」を持っていないとお米を買えなかったので、家を出るときに「無くさないように」と持たされた。奉公先は住み込みで六畳の部屋に六人で寝起きし、電話はなく実家との連絡はいつも手紙だった。食事に困ることはなかったが、「おかわり」はしづらいので、わからないようにご飯を如何に多く盛るかが最大の挑戦だった。

奉公・転職を経て、二三歳で結婚。当時世間では「二三歳までには結婚！」と言われていたのでギリギリセーフである。挙式前夜は実家に親戚一同が集まり祝宴を開き、翌日に花嫁衣装をまとって花嫁道具と共に嫁ぐ（いわゆる花嫁行列）が習わしで、先方の家でも親戚を呼んで盛大に「人前結婚式」が行われた。

嫁いだ先では、義母が牡蠣打ちの仕事に行くため、早速家事一切を任されて、新婚気分を味わう余裕もなかった。毎日近所にリヤカーを引いたおばさんが魚を売りに来てくれたので、捌き方や料理の仕方を教えてもらって随分と魚に詳しくなった。

出産はギリギリまでしっかり働き、自宅で産婆を呼んで産むのが当たり前の時代だったが、私は逆子だったので病院での出産となった。子育て環境はとても恵まれていたと思う。家の傍には蓮華畑も広がり、子どもたちは思いっきり走り回って育ってくれた。川で遊んでずぶ濡れになったり、木登りをしたり、田んぼで泥んこになったり、時には肥溜めに落ちたり……。それでも大人たちは止めることもなく、みんな笑っていた。

家の行事も家族みんなで行っていた。稲刈りや大掃除。障子張りは障子を破ることから始まり、ここぞとばかりに大騒ぎである。わが家では毎年、ご近所さんも一緒に餅つきをして新年を迎えていたことがとても懐かしく思い出される。

本当に苦労続きの八〇年だったが思い返せば全てが楽しかった。一枚の写真からその当時の温かさや匂いまでも思い出される。人生一〇〇年時代、少々ポンコツにはなったが「生涯青春」でこれからも楽しみたいものである。

（梶本奈三枝）

庭で正月準備　このお宅では、29日は「苦が二重になる」という理由で、毎年12月30日に餅つきを行っていた。餅米も自宅で蒸し、ご近所の人も招いて、よい一年の到来を願いながら、にぎやかに杵を振った。娯楽に乏しくゲームもなかった当時、子どもたちにとって格好の遊びだった。〈広島市南区段原日出・昭和25年頃・提供＝武田公子氏〉

元安川のシロウオ漁　シロウオはハゼ科の小魚。春に海から遡上するシロウオを、竹を割って縄でつないで作ったすだれを仕掛け、下流側で漁師が手に持った四つ手網で、すくい上げる。広島の早春の風物詩として知られ、昭和30年代には市内の川に20ほどの簗《やな》があったというが、同40年代半ばには見られなくなった。〈広島市中区・昭和38年・撮影＝中国新聞社、提供＝鈴木修治氏〉

新年初出勤　写真提供者の父親が社長を務めていた、印刷会社・広島工房。新たな年を迎え、皆一様に清々しい笑顔を浮かべている。正月らしく晴れ着の女性も。〈広島市中区宝町・昭和30年頃・提供＝宮川正人氏〉

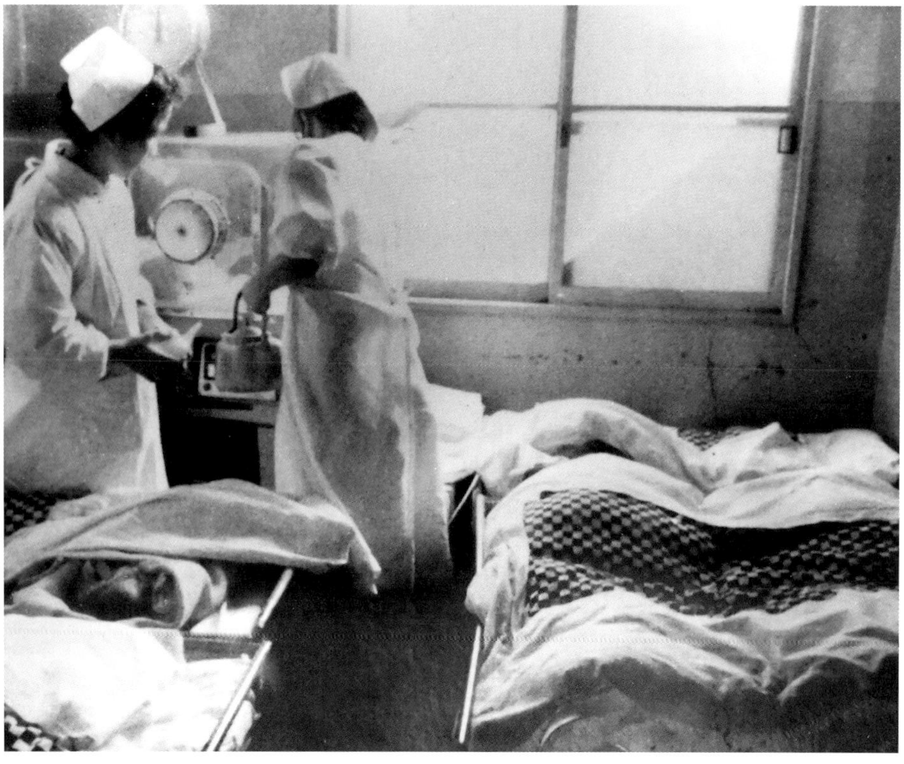

新たないのちをまもる　看護婦が働くこの部屋は、中区にあった種村病院の新生児室。嬰児たちは現在のような新生児用のキャリーベッド「コット」ではなく、成人用のベッドに寝かされ、赤ちゃん用の布団が掛けられている。奥にあるのは保育器で、昭和30年代から全国の医療施設に設置されていった。〈広島市中区小網町・昭和36年・提供＝西村奈苗氏〉

不動院へハイキング　鐘楼（重要文化財）の前でポーズをとるのは、東洋工業（現マツダ）本社企画課の職員。不動院は足利尊氏が全国に建立した安国寺の一つとされ、秋は紅葉の名所としても親しまれている。境内にある室町後期に建てられた金堂《こんどう》は原爆で屋根の一部が吹き飛んだものの、大きな被害はなかった。〈広島市東区牛田新町・昭和22年・提供＝内田恵子氏〉

気分はライダー　憧れのバイクにまたがる、崇徳《そうとく》高校1年生の少年。日本に二輪免許ができたのは昭和22年で、満16歳で取得可能だった。写真が撮影された年には、道路交通取締法が廃止されて新たな道路交通法が公布された。それまで申請すれば乗ることができた原付バイクも免許が必要になった。〈広島市東区牛田南・昭和35年・提供＝陰山哲章氏〉

祝二十歳　上写真で、バイクに憧れていた高校生も、晴れて大人の仲間入り。成人式のこの日、お酒も煙草も嗜《たしな》める歳になったと、満面の笑みでパチリ。〈広島市東区牛田南・昭和39年・提供＝陰山哲章氏〉

嫁ぐ日に　郵政官舎の自宅の前で、角隠しに色打ち掛け姿の姉を囲んでの家族写真。ハレの日ながら、皆一様に喜びと寂しさの入り混じった表情にみえる。披露宴は、同区光町にあった国鉄の保養施設・広島弥生会館で行われた。〈広島市東区牛田南・昭和39年・提供＝陰山哲章氏〉

東洋工業野球部　昭和20年代前半に設立された社内クラブという。仁保地区の小磯にあった会社のグラウンドにて。東洋工業（現マツダ）は、昭和6年に三輪トラックの生産を開始。撮影の前年には工場の大規模な移転拡張工事が完了し、月産3,000台レベルまで拡大した。〈広島市南区小磯町・昭和29年・提供＝内田恵子氏〉

テレビがわが家に　家電の「三種の神器」の一つで、庶民にとっては高嶺の花だったテレビ。カラー放送が始まったのはこの写真が撮影された1年前からだが、まだ白黒テレビが多かった。テレビの上には、当時流行したセルロイド製の乳児用起き上がりこぼしが見える。〈広島市南区東雲本町・昭和36年・提供＝西村奈苗氏〉

三代にわたって通った書道教室　写真提供者が通っていた近所の書道教室にて。赤ちゃんを抱き微笑んでいるのが、書道の先生。大阪から嫁ぐ際に、婚礼道具代わりにトラックの荷台いっぱいに半紙を積んできたという逸話の持ち主だ。今も現役で師範歴は60年を超え、提供者の母や子どもも指導を受けた。〈広島市南区東雲本町・昭和37年・提供＝矢野久美子氏〉

懐かしの魚売り　かつて市中で「ナンマンエーェ、ナンマンエーェ」の掛け声とともにリヤカーを引き、瀬戸内海で捕れた新鮮な小イワシ（片口鰯）を売り歩く行商の女性の姿を覚えている人も多いだろう。起源は江戸時代にまでさかのぼり、現在の丹那漁港から始まったという記録も。ちなみにナンマンエーは「生餌」と書く。〈広島市南区宇品神田・昭和55年・提供＝瀧口秀隆氏〉

早朝の丹那漁港　小イワシを求め、漁船は一路広島湾へ。右手奥には黄金山が見える。〈広島市南区丹那町・昭和55年・提供＝瀧口秀隆氏〉

パッチ網漁　いわし船びき網の漁のこと。漁場につくと、複数の船で小イワシの群れを網で囲いこむ独特の漁法。網の形状が男性の肌着に似ていることから、その名がついた。左奥に見えるのは、安芸郡坂町の森山。丘のように見える先端は鯛尾である。〈広島市南区宇品沖・昭和55年・提供＝瀧口秀隆氏〉

獲物を水揚げ　網の口を閉じて小イワシを追い込んだら、一気に引き揚げる。この日も大漁だ。〈広島市南区・昭和55年・提供＝瀧口秀隆氏〉

準備は万端　船が漁へ出ている間、大河漁業組合がある港では、早朝から水揚げを待つ行商の女性たちが集まる。リヤカーに荷物を積み終え、あとは船が戻るのを待つばかりだ。〈広島市南区丹那町・昭和55年・提供＝瀧口秀隆氏〉

大漁を祈り漁船を待つ　これから始まる大仕事を前に、行商の女性たちは暖をとりながら談笑。内心、期待に胸躍らせながら小イワシの到着を今や遅しと待ち構える。〈広島市南区丹那町・昭和55年・提供＝瀧口秀隆氏〉

さあ急いでリヤカーへ　漁船が港へ到着した。小イワシは鮮度が命。漁師と行商の女性が連携し、捕れたての魚を次々運んでいく。〈広島市南区丹那町・昭和55年・提供＝瀧口秀隆氏〉

いざ行商へ　小イワシを手際よく捌《さば》き、氷を詰めた箱に積んだら行商の女性たちの出番。リヤカーを押して颯爽と町へ。「ナンマンエーェ」の声を待つ客の元へと散っていく。〈広島市南区丹那町・昭和55年・提供＝瀧口秀隆氏〉

岸本牧場　大正10年創業で、昭和初期には約100頭の乳牛を飼育していた。同20年、創業者が原爆で世を去るも酪農経営は継続し、岸本乳業が設立された。平成10年に工場は閉鎖され広島協同乳業と統合したが、バラのロゴマークとともに、岸本ブランドの牛乳は今も受け継がれている。牧場は一般開放されており、小学校の遠足などで訪れた記憶がある人も多い。〈広島市安佐南区長束・昭和29年頃・提供＝内田恵子氏〉

三菱造船広島精機製作所のソフトボール大会　当時、工作機械の輸出市場を確立するなど興隆期を迎え、従業員数が増加。撮影時には1,500人を超えていた。三菱造船は撮影の翌年に新三菱重工業、三菱日本重工業と合併し、三菱重工業になる。この日のメンバーは営業課のソフトボールチームで、副所長の始球式で幕を開けた。〈広島市安佐南区祇園・昭和38年・提供＝陰山哲章氏〉

広島生まれのスポーツで親睦　昼休み、コートに集まる三菱造船広島精機製作所の職員たち。足元に置かれているのは、卓球に似たラケットと羽付きのボール。戦後の広島でスポーツを通じた平和な世界を祈って誕生した「エスキーテニス」が始まるところだ。〈広島市安佐南区祇園・昭和38年・提供＝陰山哲章氏〉

寺迫《てらさこ》公園でテニスの取材　映像を収めた刊行物・ビデオマガジンの収録が行われているのは、昭和58年にオープンした日本三大ニュータウンの一つ、高陽ニュータウン内の運動公園。野球場や遊具広場などもあり、広島発祥のエスキーテニスも楽しめた。正面奥（北東方面）の山は、今も多くの人に親しまれている標高889メートルの登山スポット・白《しら》木山《きやま》。〈広島市安佐北区真亀・昭和58年頃・提供＝野村伸治氏〉

吉井地区での花嫁道中　現在の可部5丁目と7丁目の間あたりを花嫁が進む。右端奥に少しだけ見える建物が、旧可部町役場。昭和32年に新役場庁舎に移転するまで使用された。正面の山を越えると深川。〈広島市安佐北区可部・昭和35年・提供＝新澤孝重氏〉

楽々園遊園地で運動会　「電車で楽々行ける」のうたい文句で昭和11年、旧佐伯郡五日市町に開園した遊園地で楽々園保育園が運動会を開催した。楽々園は同46年に営業を終了するも、その名は今も町名に。跡地にはショッピングセンター「ファミリータウン広電楽々園」が建てられた。〈広島市佐伯区楽々園・昭和29年・提供＝児玉ひろ子氏〉

幾久しく　嫁ぐ日を前に用意された婚礼道具。縁が切れないようにと、熨斗《のし》を添える習慣があった。〈広島市佐伯区五日市・昭和38年頃・提供＝児玉ひろ子氏〉

結婚のご挨拶に　生まれたばかりの子犬を手にバイクの後ろで微笑む女性が将来の伴侶の実家を訪れたこの日、飼い犬たちも迎えてくれた。やや緊張した表情で子犬を膝にのせている女性は、やがて義理の妹になる。〈広島市佐伯区五日市坪井・昭和38年頃・提供＝梶本奈三枝氏〉

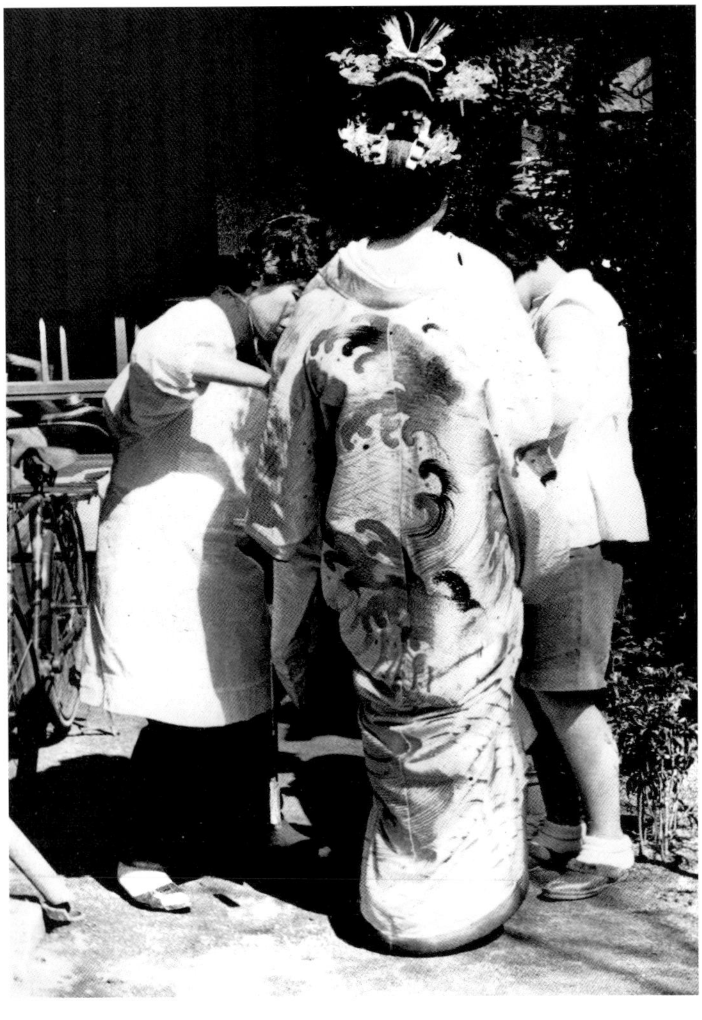

着付けの助手は中学生　挙式当日、割烹着姿で花嫁衣装を整える美容師さん。そばの娘は10歳頃からお手伝いをしていたという。〈広島市佐伯区五日市・昭和38年頃・提供＝児玉ひろ子氏〉

新郎新婦　迎えた結婚式当日、晴れて夫婦となった二人の記念の一枚。緊張した面持ちの新郎と、伏し目がちにそっと寄り添う新婦の表情が初々しい。通常、花嫁は支度をすべて整え生まれ育った家をあとにするが、両家が離れていたため、白無垢は嫁ぎ先で着せてもらったという。〈広島市佐伯区坪井・昭和39年・提供＝梶本奈三枝氏〉

もうすぐお母さん　結婚から２年、第一子を授かり臨月を迎える頃。日々割烹着姿で家事をこなしながら、生まれくる我が子に思いを馳せていた。〈広島市佐伯区坪井・昭和41年・提供＝梶本奈三枝氏〉

東洋工業本社の運動会　観覧席は老若男女、大勢の人で埋め尽くされている。前列でマイクを前に座っているのは、進行役の社員。東洋工業（現マツダ）は爆心地から5.3キロの距離だったが、機械設備はほぼ無傷で、大きな被害を免れた。この年の秋には全国のすべての県に販売特約店を整備し、活況に備えていた頃で、人びとの表情は晴れやかだ。〈安芸郡府中町新地・昭和23年・提供＝内田恵子氏〉

府中隧道《ずいどう》　現在の空城山公園入口から鶏崎公園方面へは、かつて隧道が通っていた。昭和26年、上縄（現浜田）に火葬場が建設されることになり、山道を通らずに行けるようにと掘進工事が開始。重機のない時代、つるはしやスコップで幅4メートル、高さ5メートル、総延長50メートルを掘り進め、5年後の同31年に開通した。写真は工事を担った作業員たちの貴重な一枚。〈安芸郡府中町鹿籠、浜田・昭和30年・提供＝府中町教育委員会〉

府中町第一農協の野菜市場　現JA広島市府中支店の軒先に並ぶ野菜や花。農家の人たちによる朝市が開かれていた。価格は商品に付けられた絵符（荷札）に書いてあり、客は絵符とお金を代金箱に入れる仕組み。壁には、客からの意見を書き留めた伝言帳が吊り下がっている。店の人がいれば会話しながら買い物をする光景は、この頃はまだ当たり前だった。〈安芸郡府中町本町・昭和60年・提供＝川本宏幸氏〉

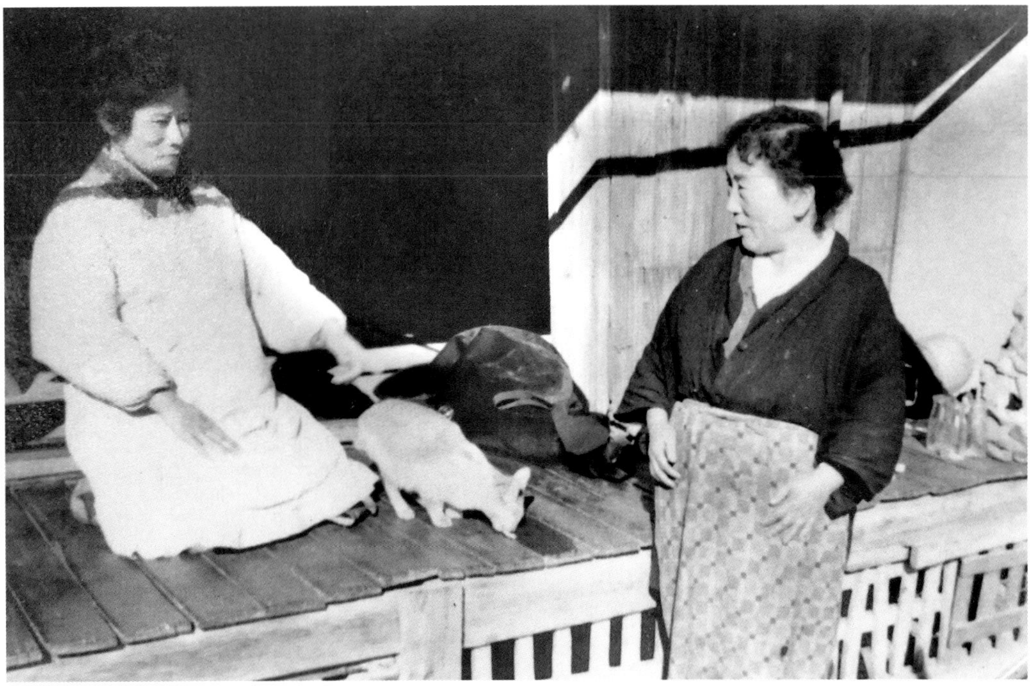

里帰り　嫁いだ娘が久しぶりに実家へ。縁側で母親との談笑を楽しむ。床下は格子が組まれ、鶏小屋になっている。そのためか、ふと見ると猫が床下をのぞき込んでいるように見える。〈安芸郡海田町稲葉・昭和35年・提供＝西村奈苗氏〉

牡蠣打ち　牡蠣打ち小屋で打《う》ち娘《こ》さんと呼ばれる女性たちが殻つき牡蠣を1個1個開け、身をむいている。短い木の棒の先に鉤《かぎ》のように曲がった刃が付いた広島特有の道具「牡蠣打ち」で、身が傷つかないように注意しながら1個につき数秒の速さで大量の牡蠣を次々と脇目も振らずむいていくようすは圧巻。なかには、1日8時間で3,000個以上を一人でむく強者《つわもの》も。〈安芸郡海田町窪町付近・昭和53年・提供＝海田町教育委員会〉

精進落とし①　この地域では、葬儀のあとの食事は、いわゆる「男飯」「女飯」という慣行から、食事の順番も決まっており、まず女性たちが男性に膳を用意し、男性だけが先に食べた。〈安芸郡海田町稲葉・昭和63年・提供＝西村奈苗氏〉

精進落とし②　男性の食事が終わると、ようやく女性たちの食事が始まる。〈安芸郡海田町稲葉・昭和63年・提供＝西村奈苗氏〉

お家で卓球　自宅の庭に置かれているのは、ピンポン台。当時、町内で所有していた家はここだけだったという。〈安芸郡熊野町川角・昭和35年・提供＝赤翼洞水氏〉

田植えの季節　初夏に町のあちらこちらで見られた光景。熊野は熊野筆が有名な地域だが農業も盛んで、米作りをしている農家は多かった。販売せず自分たちが食べる分だけを作る自給的農家が多く、田んぼの面積も小規模だ。当時の田植えはまだ手植えの時代。昭和30年代に農具の機械化が進んで耕耘機が登場し、田起こしが楽になった。〈安芸郡熊野町川角・昭和35年・提供＝赤翼洞水氏〉

小《こ》屋《や》浦《うら》海水浴場　現呉線・小屋浦駅の南西およそ250メートルのところにあった波静かな海水浴場。沖から海岸を望んだ一枚で、大勢の人が海水浴を楽しんでいるのがわかる。現在は海水浴場としては整備されていない。〈安芸郡坂町小屋浦・昭和24年頃・提供＝内田恵子氏〉

水尻海岸　小屋浦海水浴場から国道31号を北へ車で5分ほど行った場所にあり、ボートにも乗れる人気の海水浴場だった。現在はすぐ近くに、西日本最大級、約1,200メートルの人工海岸が広がるベイサイドビーチ坂が平成10年より整備され、海水浴はもちろん、釣り、マリンスポーツ、夕日・夜景スポットなどが楽しめ、季節を問わず親しまれている。〈安芸郡坂町水尻・昭和30年頃・提供＝内田恵子氏〉

坂中学校の旧校舎前で　この頃は10月13日に開催されていた八幡山《やはたやま》八幡《はちまん》神社の秋祭りに行く途中、神社の西にあった中学校に立ち寄った。創立10周年を迎えた節目の年で、体育館が建つ前の校舎が写る貴重な一枚である。昭和56年に、同校は現在の坂町横浜中央に移転した。〈安芸郡坂町坂東・昭和32年・提供＝福重くるみ氏〉

坂町全域の郵便物を集配　配達中の坂郵便局の局員。当時は制帽を被り、カッターシャツにネクタイ姿と今より儀礼的だった。坂郵便局は、明治37年に旧坂町字森浜に開設し、その後、今の場所に移転した。写真の右手を進むと、商店街があった。〈安芸郡坂町横浜中央・昭和55年・提供＝野村伸治氏〉

原爆ドームを背に　終戦から6年目の初冬、原爆投下の目標になったといわれる相生橋のたもとで撮った記念写真。〈広島市中区本川町・昭和26年・提供＝矢野久美子氏〉

パーマでおしゃれ　旧中区段原大畑町で近所の人たちとパチリ。御婦人たち、そしてよく見ると前列の少女たちの髪にも戦中は禁止されたパーマネントがあてられているようだ。あの日からまもなく10年、昭和25年の朝鮮特需、同27年の占領統治からの解放を経た日常のひとこま。〈広島市南区段原・昭和29年・提供＝矢野久美子氏〉

姉妹でかくれんぼ　あの国民的人気漫画にも登場する土管（ヒューム管）は、下水管などに使われる資材。下水処理設備の普及に伴い、かつては町のあちらこちらに置かれ、子どもたちの格好の遊具になっていた。〈広島市中区大手町・昭和30年・提供＝内田恵子氏〉

県営基町アパート前にて 原爆ドームから北へ約1キロ、焼け野原にバラックが密集した「原爆スラム」解消のため、昭和31年から同42年にかけて建てられた。敷地内には住棟を真上から見ると星のようなＹ字型になる「スターハウス」6棟や1万人以上が居住可能の大規模高層団地も完成した。親子の背後には、当時人気のマツダR360クーペが。〈広島市中区基町・昭和37年・提供＝森長俊六氏〉

気分はカウボーイ？ 当時7歳の写真提供者は、県営基町アパートの自宅にあった和室で、この頃流行した西部劇映画の影響か、ガンマン風のベルトを巻き玩具の銃を構え、カメラの前で自慢げにポーズをとっている。4本脚の真空管テレビも懐かしく、時代の空気感が伝わってくる。〈広島市中区基町・昭和39年・提供＝森長俊六氏〉

乳母車でおさんぽ 乗っているのに飽きてしまったのか、大人をまね自分で押す姿が微笑ましい。背後の床下に積まれているのは、今ではほとんど目にしなくなったセメント瓦。陶器製より初期費用が抑えられ、耐火性に優れていることから、昭和40年代から60年代にかけて、住宅の屋根材として重宝された。〈広島市東区上大須賀町・昭和42年・提供＝福重くるみ氏〉

三輪車でおでかけ　前ページ下写真の1年後、乳母車の幼子は、自宅の前で、真っ赤な三輪車に足を精一杯のばしておすまし。軽量化され意匠も洗練された商品が多い昨今に比べ、見た目は無骨ながら丈夫なつくりの三輪車は懐かしく味わい深い。路上に停まっているのは、軽自動車のマツダB360。〈広島市東区上大須賀町・昭和43年・提供＝福重くるみ氏〉

人気者を抱っこ　当時の校則だったのか、髪を短く刈った少年は崇徳《そうとく》高校の1年生。半年で240万個を売り上げ社会現象を巻き起こした「ダッコちゃん」は、この年に発売された。〈広島市東区牛田南・昭和35年・提供＝陰山哲章氏〉

嬉しい晴れ着姿　七五三の晴れ着を着せてもらい、はにかむ女の子。〈広島市南区段原・昭和29年・提供＝矢野久美子氏〉

思い出の食卓　当時旧豊田郡安芸津《あきつ》町（現東広島市）に住んでいた祖母が、バスと汽車を乗り継ぎ、何時間もかけて地元で採れたジャガイモとお米を持ってきてくれた。安芸津の赤土で育ったじゃがいもはホクホクした食感が特色で、今も町の特産品として人気である。〈広島市南区西本浦町・昭和32年・提供＝矢野久美子氏〉

きょうだいと縁側で　右端が長兄。すでに社会人であり、隣に並ぶ妹たちをかわいがってくれた。左から写真提供者、おかっぱ頭の妹。〈広島市南区段原日出・昭和32年頃・提供＝武田公子氏〉

憧れのテレビジョン　昭和30年代に「三種の神器《じんぎ》」と呼ばれた白黒テレビ、洗濯機、冷蔵庫は、庶民にとっては高嶺の花。この女の子のようにテレビと一緒に写真を撮ったり、視聴していない時は布カバーをかけて大切に扱ったりしていた家庭も多かった。〈広島市南区西本浦町・昭和35年・提供＝矢野久美子氏〉

テレビの前でひ孫と一緒に　曽祖母の腕の中で、その顔を不思議そうに見つめる男児。今では当たり前のテレビだが、当時の普及率は全国で6割程度。まだ白黒テレビの時代だった。〈広島市南区東雲本町・昭和36年・提供＝西村奈苗氏〉

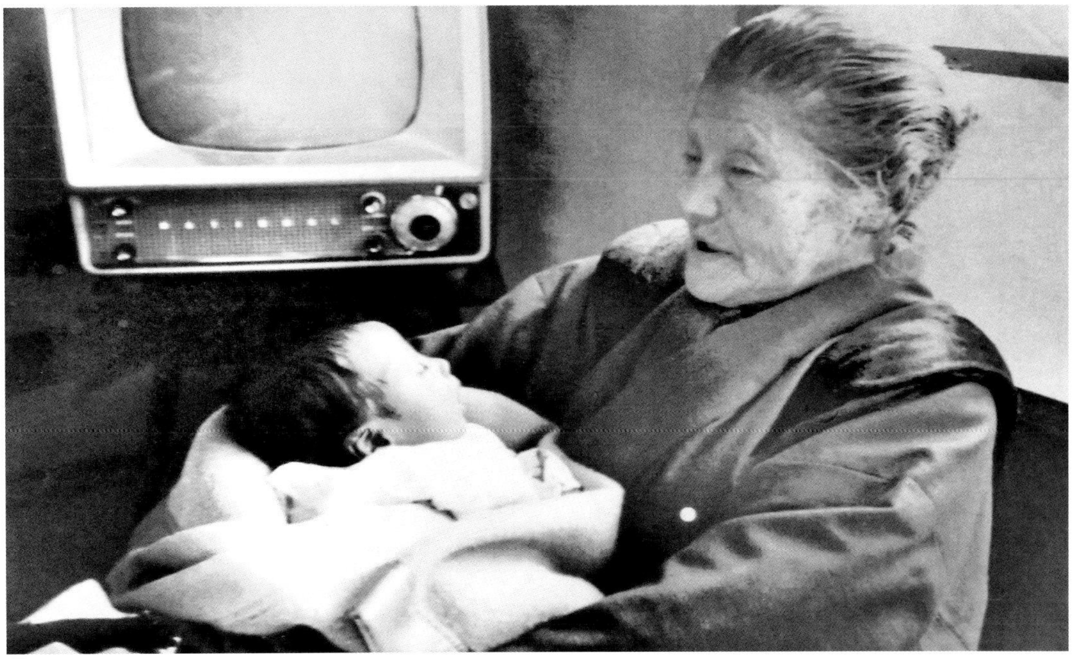

愛犬を抱っこ　飼い犬と一緒に自宅の前で写真に納まる女の子。その奥を、天秤棒で肥桶を運ぶ男性が通る。この頃はよく目にした光景で、畑に撒きに行くところだという。〈広島市南区西本浦町・昭和38年・提供＝矢野久美子氏〉

夏の日に赤ん坊と涼む　手縫いの浴衣に包《くる》まれて母に抱かれる男の子は、1歳を迎える頃の写真提供者の父親という。〈広島市西区西観音町・昭和30年・提供＝森苗月氏〉

「もち　ちんづきいたします」　男の子の後ろに見える看板の文字。「賃《ちん》搗《づき》」と書き、家人に代わり餅を搗《つ》いて代金をもらう商いのことだ。当時、餅は各家庭で搗いたものだが、道具を用意できなかったり、忙しかったりといった理由で、特に暮れに注文が増えたという。〈広島市西区西観音町・昭和30年・提供＝森苗月氏〉

広島県総合グランドで夏の思い出　中3の夏休みに同学年の仲良し3人組で撮った一枚。ここは爆心地から3〜5キロの位置にあるが、終戦直後の昭和20年12月に終戦後初のラグビーの試合が、同26年には広島国体が開催されるなど、広島市のスポーツの復興に大きく貢献した。〈広島市西区観音新町・昭和33年・提供＝山根洋子氏〉

ちびっこレーサー①　大芝公園にある交通公園（現大芝公園交通ランド）でゴーカートに乗り、競走する子どもたち。コースは1周約500メートルで、遊びを通して楽しく交通ルールを学んでもらおうと、信号や横断歩道、踏切なども設けられている。〈広島市西区大芝公園・昭和44年頃・提供＝藤井千鶴子氏〉

ちびっこレーサー②　写真の場所は、かつて太田川の西側にあった太田川遊園地で、ゴーカート場の他、トランポリン、すべり台等の遊具、卓球場、釣り堀などもあった。跡地近くを通る筒瀬線のバス停には「太田川遊園地」の名が残っている。〈広島市安佐南区八木町・昭和45年頃・提供＝宮川正人氏〉

お花見　節分の鬼のお面を被り、見頃を迎えた近所の桃の花を見にお出かけ。薄着になった幼子たちの姿から、春の陽気が伝わってくる。〈広島市安芸区矢野西・昭和53年・提供＝吉武多恵氏〉

広島の奥座敷・湯来温泉　元湯の共同浴場にやってきた女の子たち。ここは約1,500年前に発見されたといわれる打尾川沿いの名湯。共同浴場は平成12年に閉鎖されたが、19年の時を経て貸切の露天風呂として復活した。〈広島市佐伯区湯来町多田・昭和29年・提供＝児玉ひろ子氏〉

あんよはじょうず　坪井児童館前の広場でヨチヨチ歩きの幼い息子を、両手を広げて受け止めようとするお父さん。頭にはちょこんと息子の帽子が。広場の敷地内には、110年以上の歴史があり、子育て安産などのご利益がある氏神・観音神社がある。〈広島市佐伯区坪井・昭和42年・提供＝梶本奈三枝氏〉

稲刈りのお手伝い　秋、近所の田んぼで大人たちに混じり、稲刈りのお手伝いをする少女。幼いながら、この年に小学校に入学した本人はすっかり一人前の気分で取り組んでいたという。大人たちは刈りとった稲を稲架に干している。〈広島市佐伯区坪井・昭和50年・提供＝髙山由里子氏〉

障子張りのお手伝い　この家では、毎年冬に向かう季節になると、暖かい晴れの日をねらって、自宅の障子の張り替えをするのが恒例だった。小学1年生の少女も、エプロン姿で障子をはがした桟に糊を塗っていく。障子のある和室がある家も減り、障子張りをする家庭も今ではめっきり少なくなった。〈広島市佐伯区坪井・昭和50年・提供＝髙山由里子氏〉

新池は天然のプール　西国街道の船越峠付近にあるため池で泳ぐ少年たち。全国の学校にプールがつくられるようになったのは、もっとあとのこと。近所のため池や川は、当時の子どもたちにとって格好の水泳場だった。〈安芸郡府中町内・昭和25年・提供＝陰山哲章氏〉

乳母車でおでかけ　春の陽気に誘われ、日本人形をお供に近所をお散歩するおかっぱ髪の童女。現代と違い、スプリングの上に載った籠は子ども2～3人が乗れるほど大きかった。籐製が主流だった造りも、スチールパイプの骨組みにビニール製カバーを取り付けたものへと移行していった。〈安芸郡府中町鹿籠・昭和25年・提供＝内田恵子氏〉

わたしだけのべんきょう机　お行儀よく正座して勉強する小学生の女の子。今のような椅子式の学習机ではなく、座卓が当時の定番だった。引き出しもなく簡素ながら、自分専用の1台はなんともうれしいものだった。〈安芸郡府中町鹿籠・昭和29年・提供＝内田恵子氏〉

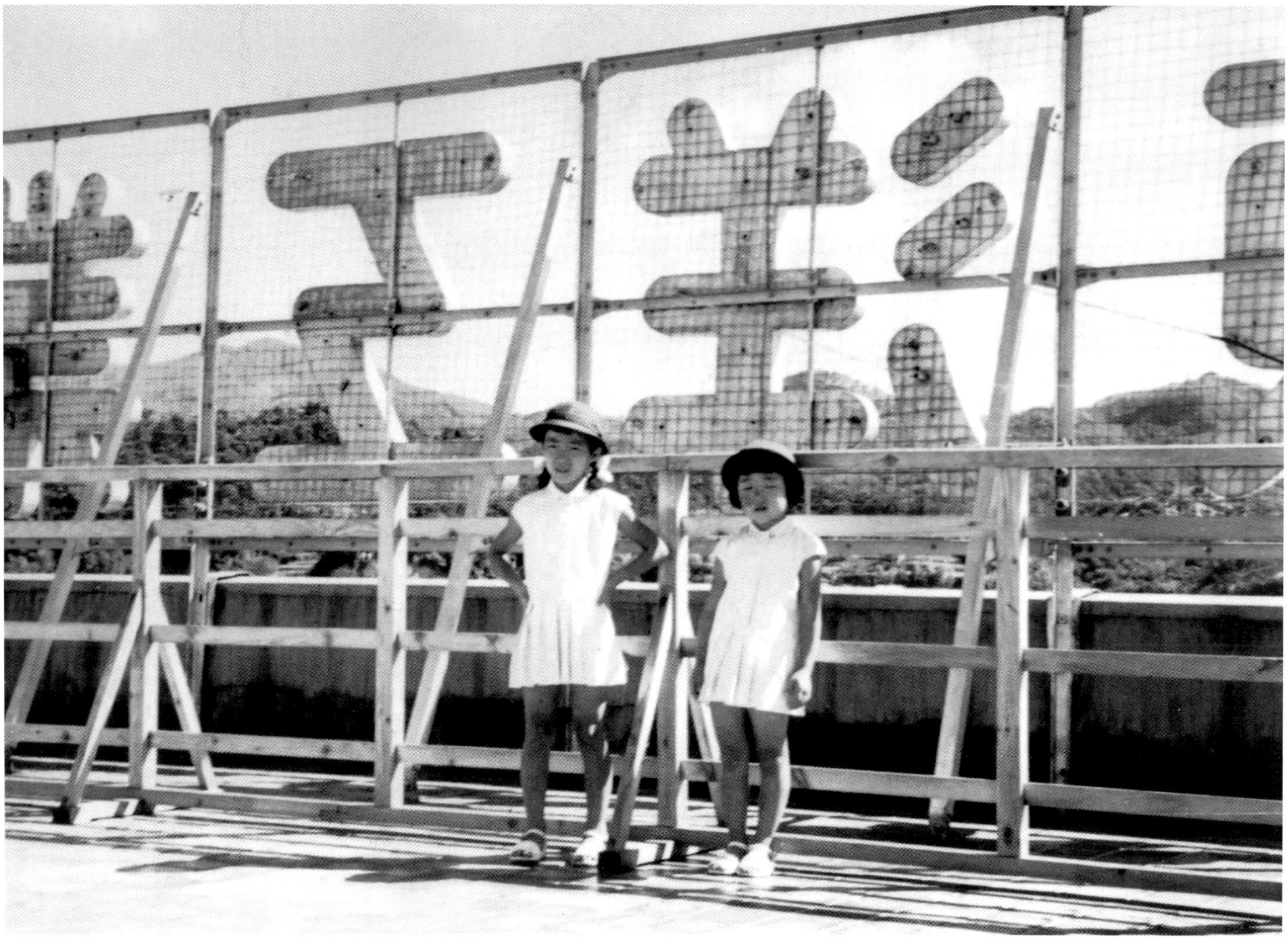

東洋工業本社の屋上　現マツダの当時の社屋屋上に並ぶのは、帽子から靴までお揃いの姉妹。夏休み、父親の職場に遊びに行った時の一枚だ。ここから府中の町並み、そして標高242メートルの蛇幕山が一望できた。〈安芸郡府中町新池・昭和30年・提供＝内田恵子氏〉

空城山《そらじょうやま》でお花見　鹿籠《こごもり》に住む人にとって裏山といえば、この山。東南端では貝塚が発見され、先史時代より人が暮らしていたことがわかる。昭和59年に都市型総合公園として整備され、今も桜の季節には多くの人が訪れる。〈安芸郡府中町浜田・昭和30年・提供＝内田恵子氏〉

三角乗り　1台で給料の数カ月分と、自転車が高級品だったこの頃、子ども用まで買う余裕のある家庭は少なかった。そんな中、自転車に乗りたい当時の子どもたちが編み出したのがサドル に腰掛けず、三角のフレームから片足を通した状態でペダルをこぐ「三角乗り」だ。足がつかない自転車も、当時の子どもたちは器用に乗りこなしていた。〈安芸郡府中町浜田・昭和31年・提供＝陰山哲章氏〉

近所でキャッチボール　父親に買ってもらったグローブを大事そうにはめている。よく見ると足元は草履。この頃はまだ、靴よりも草履や下駄が一般的だった。〈安芸郡府中町浜田・昭和31年・提供＝陰山哲章氏〉

ほっかむりでおしごとだ　頭を手拭いで覆ったもんぺ姿の子ども。後ろには、荷車の長さが8尺（約2.4メートル）であることからその名がついたともいわれる大八車がある。車輪にいたるまですべて木でできていて、自動車が普及する昭和中期までは全国で目にすることができた。〈安芸郡海田町稲葉・昭和29年・提供＝重高順子氏〉

カタカタでヨチヨチ　歩き始めのこの時期にしか見られないわが子の姿にシャッターを切った親も多いだろう。そっと見守る親の心配をよそに、当の本人は押すと動物が動き、オルゴールの曲が流れる仕掛けに夢中のようだ。〈安芸郡海田町成本・昭和51年・提供＝坪井美保氏〉

消防車とVanVan《バンバン》　ハンドルを握って動かすクルマの玩具だが、またいで乗るのがまだ難しく、手で押して遊んでいた。物干し台代わりになっているのは、昭和47年発売のスズキのレジャーバイク「VanVan50」。極太タイヤに幅広シートと、遊び心にあふれた人気の名車だ。この頃の当地方では、自家用車1台と原付バイク1台を所有する家庭が多かった。〈安芸郡海田町成本・昭和51年・提供＝坪井美保氏〉

おたんじょうび会　自宅に仲良しの子を招き、手料理とお菓子、ジュースで誕生日を祝ってもらうのが、当時、全国の小学生の間で流行していた。この日のごちそうはカレーに唐揚げ。デザートはプリンアラモードやフルーツポンチが振る舞われた。主役の女の子の脇には、三越百貨店の包装紙に包まれた友だちからのプレゼントが見える。〈安芸郡海田町成本・昭和51年・提供＝坪井美保氏〉

ゆきだるま　大雪が降ったこの日、毛糸の帽子にオーバーコート、手袋としっかり防寒をして幼馴染と雪遊びを楽しんだ。朝起きて、雪が積もっている光景を目にした途端に子どもたちが胸を踊らすのは、昔も今も変わらない。〈安芸郡坂町坂西・昭和44年・提供＝安田健太郎氏〉

水尻海岸の姉妹　夏休みに、当時人気だった近所の海水浴場へ。すぐ後ろは海苔の養殖場。海岸はその後閉鎖され、平成10年、近くに人工海岸が広がるマリンスポット「ベイサイドビーチ坂」が整備された。〈安芸郡坂町水尻・昭和46年・提供＝西村奈苗氏〉

天満屋広島店の屋上遊園地　昭和29年創業の当百貨店に屋上遊園地「子供の国」ができたのは同32年のこと。親子で乗れる飛行機型の遊具の他、汽車、さらに当時は約1キロ先の旧国鉄広島駅からも目にすることができたロケット型のネオン塔があり、このあたりの目印となっていた。その後、遊園地の規模は縮小され、平成9年に閉鎖。同24年には、百貨店としての経営も幕を閉じ、現在は複合商業ビルとして営業している。〈広島市中区胡町・昭和46年・提供＝藤井千鶴子氏〉

広島百貨店① 自動木馬　広島駅南口前にあった百貨店で、創業は昭和27年。大きさも姿も本物さながらの馬の乗り物に、手綱を握る少女の表情もやや緊張気味にみえる。百貨店は市街地再開発事業のため、平成8年に閉店となる。〈広島市南区松原町・昭和29年・提供＝内田恵子氏〉

広島百貨店② 観覧車　屋上遊園地の定番といえば、こちら。手すりをぎゅっと握って腰掛ける妹とは対照的に、好奇心いっぱいの姉は眼下を眺め余裕の表情。百貨店へはよそゆきの服を着て出掛けたものだ。〈広島市南区松原町・昭和29年・提供＝内田恵子氏〉

天満屋広島店の観覧車 昭和32年の開設時から人気の乗り物だ。当初は遊具も大型だったため、親子や家族で一緒に楽しいひとときを共有できた。〈広島市中区胡町・昭和46年・提供＝藤井千鶴子氏〉

天満屋広島店のバッテリーカー　屋上遊園地が開設して26年、店舗の増築に伴い規模が次第に縮小し、遊具も小型化が進んでいく。それでも屋上遊園地は、百貨店に来た子どもたちにとって楽しい空間だった。〈広島市中区胡町・昭和58年・提供＝山田君子氏〉

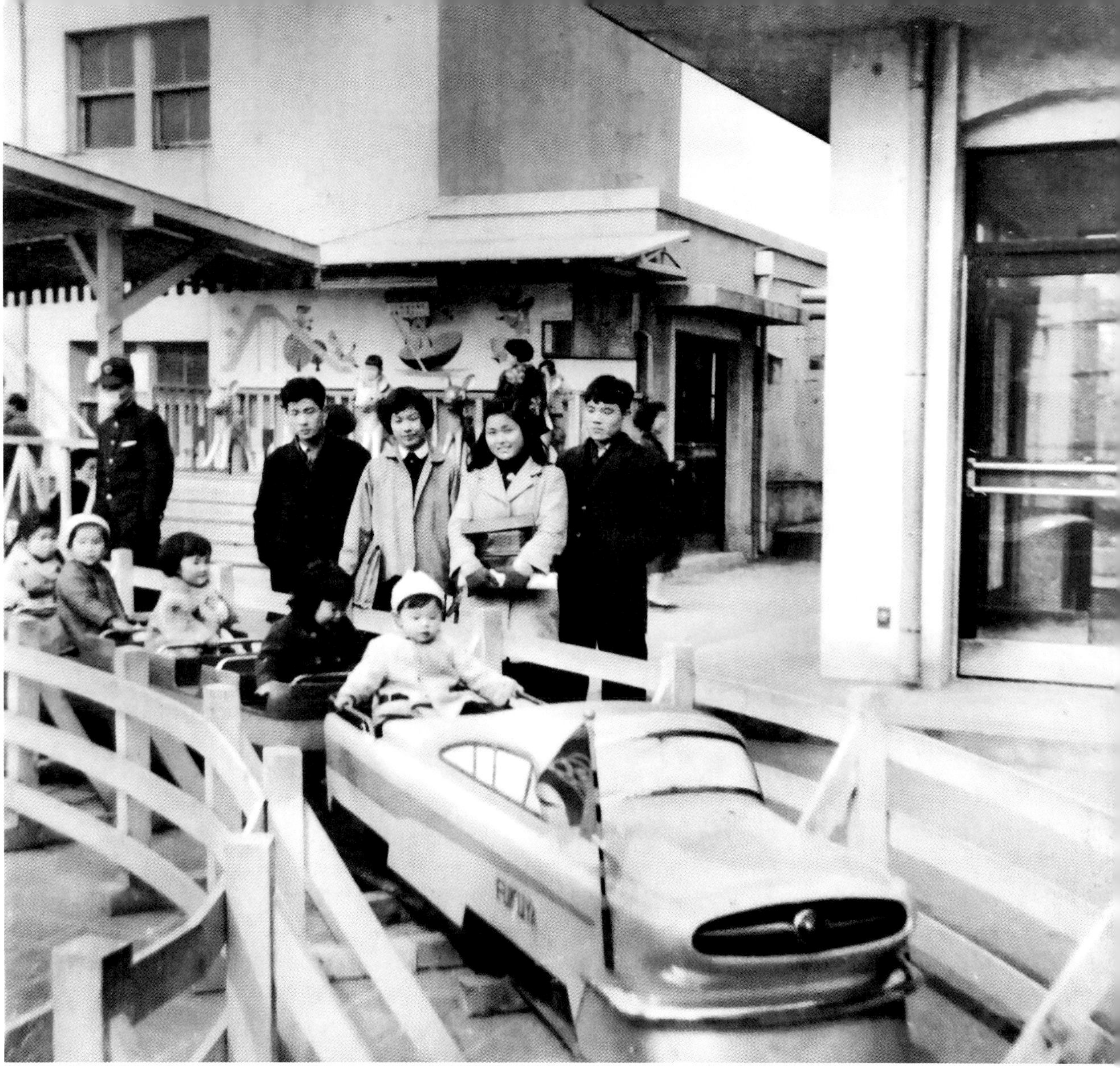

福屋① 子ども専用の汽車　昭和4年に創業した広島初の百貨店。広島っ子は「福屋百貨店」と呼んだ。同13年、現在の八丁堀本店の場所に新館が完成したのに合わせ「屋上ファミリーランド」が開園した。写真には2月の寒空のもと、子どもたちだけを乗せた列車の周りでは、わが子を愛おしそうに見守る親たちが写る。平成20年、レストラン街の改装のため遊具が撤去されるが、同28年、屋上庭園として生まれ変わった。〈広島市中区胡町・昭和33年・提供＝玉井満氏〉

福屋② ロープウェー　数ある乗り物のなかでも当時人気だったのが、ロープウェー。まだ高層ビルがなかったため、遠くまで見渡せ爽快だった。ゴンドラに記されているのは、百貨店創業時の社章。七宝紋の中央に水都広島市を表す市章をあしらった意匠で、創業60周年を迎えた平成元年まで使用されていた。〈広島市中区胡町・昭和38年頃・個人蔵〉

広島そごうの屋上遊園地　昭和49年の創業時より「屋上ファミリーランド」を開設。メリーゴーラウンド等の定番の遊具とともに、その一角には、天候を気にせず幼い子どもが楽しめる一人乗りの乗り物やゲーム機器を備えた一室も。同53年のインベーダーゲームのブームの頃ともなると、子どもたちで賑わった。平成22年に遊園地は閉園したが、令和6年、緑豊かな屋上庭園として約14年ぶりに通年開放となった。〈広島市中区基町・昭和59年・提供＝森苗月氏〉

楽々園遊園地①　広島《ひろしま》瓦斯《がす》電軌《でんき》（現広島電鉄）が、宮島線の利用者増加を図るため、旧佐伯郡五日市町の干拓地の一部農地を宅地化。「中国地方の宝塚」と称し、住宅地の中央に昭和11年、楽々園を開園した。同19年12月までは営業を続けていた。戦後まもなく再開し、30年代にはジェットコースターなど新たな施設も整備された。写真の12人乗りのウォーターシューターもその一つ。水しぶきを上げる瞬間に、岸辺や脇の階段上の人たちも思わず見入っている。〈広島市佐伯区楽々園・昭和32年・提供＝森苗月氏〉

楽々園遊園地②　池状のプールに浮かべた小舟に乗る父と幼子。池の周り、さらに背後にも、あふれんばかりの親子連れが写っている。「電車で楽々行ける」という意味で名付けられた園名どおり昭和30年代以降は大いに賑わい、「中国地方一の遊園地」ともいわれた当園。同39年には年間65万人が足を運んだとの記録も残っている。〈広島市佐伯区楽々園・昭和32年・提供＝森苗月氏〉

楽々園遊園地③　おめかししてゴーカートのハンドルを握る男の子。車は、ペダルを踏むと前に進む形式だった。この年の3月から5月に園内で開催された「目で見る戦史博」を訪れたあと、遊園地で遊んだ時の一枚。〈広島市佐伯区楽々園・昭和32年・提供＝森苗月氏〉

楽々園遊園地④　この年に園内で開催された「戦史博」での展示物の一つ、バンガード（ヴァンガード）ロケットは、アメリカが開発した衛星打ち上げ用ロケットで、昭和33年に3度目の挑戦で打ち上げに成功した。戦争に関する資料を展示した戦史博は軍国主義をあおるとして、当時、開催中止を求める声もあがった。〈広島市佐伯区楽々園・昭和32年・提供＝森苗月氏〉

楽々園遊園地⑤　太平洋戦争開戦後も営業を継続していた当園。旋回飛行塔は昭和18年頃に設置され、多くの親子連れがはるか宮島をも望む空中散歩を楽しんだ。そのおかげか、同18年度上期の来場者数は戦中ながら、約26万人と盛況だった。しかしまもなく戦況は悪化し、19年12月に休園に至った。〈広島市佐伯区楽々園・昭和32年・提供＝森苗月氏〉

楽々園遊園地⑥　トンネルから出てくるのを待ち構える幼子。いつの時代も、列車は子どもたちに大人気だ。〈広島市佐伯区楽々園・昭和32年・提供＝森苗月氏〉

楽々園遊園地⑦　芝生広場でひと休み。お父さんは背広にネクタイ、幼い姉妹もお揃いの服でおめかししている。妹は遊び疲れたのか、お父さんにもたれかかるように座っている。後ろに見えるのは、旋回飛行塔。〈広島市佐伯区楽々園・昭和32年・提供＝森苗月氏〉

楽々園遊園地⑧　年間を通しさまざまな催しが行われていた。「こどもまつり」が開催されていたこの日、遠足で訪れていたのは的場《まとば》幼稚園の園児たち。〈広島市佐伯区楽々園・昭和41年・提供＝西村奈苗氏〉

楽々園遊園地⑨　遊園地の開園に先立ち、昭和11年、敷地の南側に開設された海水浴場。海岸には海の家も軒を連ね、夏場は多くの海水浴客で賑わったが同35年に埋め立てられ、今は面影もない。園内には、39年にパラダイスプールが完成する。〈広島市佐伯区楽々園・昭和33年・提供＝青谷淳子氏〉

楽々園遊園地⑩　一家がくつろいでいるのは、玄関駅・楽々園遊園地駅（現楽々園駅）の前にあった売店前。当駅は、昭和10年に「塩浜駅」として開業し、遊園地の開園を機に駅名が改称された。同46年の閉園後は「楽々園駅」となった。61年に駅舎は駅ビルに建て替えられ、売店があった場所はコンビニエンスストアになった。〈広島市佐伯区楽々園・昭和27年・提供＝児玉ひろ子氏〉

基町の児童公園①　被爆後最初に広島市に誕生した文化施設「児童文化会館」の隣にあった公園での一枚。小鳩を抱え魚にまたがる子どものブロンズ像は、彫刻家・圓鍔勝三《えんつばかつぞう》の作品「夢に乗る」。広島市出身の児童文学者・鈴木三重吉記念碑として建立され、現在もこども図書館・こども文化科学館前で見ることができる。〈広島市中区基町・昭和30年頃・提供＝内田恵子氏〉

基町の児童公園②　園内にはアヒルの池の他、動物の飼育舎もあり、小鳥やサル、さらにライオンもいた。安佐動物公園の開園前で、当時の広島っ子にとっては生き物たちに出会える貴重な場所だった。昭和31年に旧市民球場の工事が始まり、公園は閉園した。〈広島市中区基町・昭和29年・提供＝内田恵子氏〉

安佐《あさ》動物公園①　広島初の動物園として昭和46年に開園。開園日は8月6日を予定していたが、7月の集中豪雨の影響で9月1日に延期された。動物数は94種430頭。野生に近い環境で暮らす動物たちの姿を楽しんでもらおうと、当時あった猿山をはじめ、檻《おり》や柵をできるだけ排除した「無柵放養式」が採用された。猿山は平成9年にヒヒ山としてリニューアルされている。〈広島市安佐北区安佐町動物園・昭和47年・提供＝山本直美氏〉

安佐動物公園②　西日本最大規模の動物園で、この頃にはベビーカーの貸し出しサービスが行われていた。2台を構えるお母さんは、花柄ワンピースで微笑。ツバの広い帽子は、お兄ちゃんとお揃いのようだ。〈広島市安佐北区安佐町動物園・昭和50年・提供＝菅尾貴弘氏〉

安佐動物公園③　初めて目にする大きなゾウさんに圧倒される妹と、体をよじらせ喜びを表現するお兄ちゃん。ゾウは昔も今も人気動物だ。令和6年、全国の動物園でも希少な当園のマルミミゾウの、国内初の妊娠が確認され話題となった。〈広島市安佐北区安佐町動物園・昭和52年・提供＝坪井美保氏〉

安佐動物公園④　ベビーカーを押しながら女の子が見ているのは、フタコブラクダ。開園した昭和46年から飼育している動物である。半世紀以上を経て、当園ではこれまでに15頭以上のフタコブラクダが多くの子どもたちを楽しませてきた。〈広島市安佐北区安佐町動物園・昭和47年・提供＝砂入保雄氏〉

安佐動物公園⑤　ベビーカーに幼子を乗せ、おしゃべりに花を咲かせながら並んで歩く一行。当園の総面積は約50ヘクタールで、初代広島市民球場の約20倍もの広さを誇る。小さな子どもとめぐるには、当時も今もベビーカーは欠かせない。〈広島市安佐北区安佐町動物園・昭和47年・提供＝砂入保雄氏〉

相生橋たもとの貸しボート①
元安川には戦前から貸しボート屋が営業していた。母と娘たちが乗ろうとしているのは相生橋近くの貸しボート屋「あいおい」。相生橋は原爆投下の目標とされ、周辺住民の多くが犠牲となり、近くの本川国民学校（現本川小学校）の校舎は壊滅した。桟橋の奥は原爆ドーム。〈広島市中区大手町・昭和29年・提供＝内田恵子氏〉

相生橋たもとの貸しボート②　お腹がすいた姉妹は、家から持参したおむすびをパクリ。被爆から9年、穏やかな日常の情景だ。貸しボートなどの桟橋は、原爆ドームがユネスコの世界遺産に登録される平成8年を境に、移転や撤去が進んだ。〈広島市中区大手町・昭和29年・提供＝内田恵子氏〉

特集◆

熊野の筆づくり

親子3人で筆を作る　熊野にもどり、どうしたら熊野筆が有名になるか考えていた頃。左が初代洞水。妻の政子と2代目と3人で筆を作った。〈安芸郡熊野町内・昭和35年・提供＝赤翼洞水氏〉

四方を山に囲まれた高原盆地である熊野は、海も大きな川も街道もないため、人の往来はほとんどない貧しい寒村であった。

江戸時代、そんな熊野から関西方面に出稼ぎや行商に行った人たちが、筆づくりを伝えた。それから今日まで、熊野筆は途絶えることなく受け継がれている。

〽筆の都よ　熊野の町は　姉も妹も筆造る〜

今でも小学校の運動会や筆まつりなどで踊られているこの小唄は、詩人・野口雨情と作曲家・藤井清水（呉市焼山出身）が昭和十一年に熊野を訪れて作った「熊野筆まつり」である。

朝、日が昇ると畑に行き、沈むと家に帰る。家に帰ってからは学校から帰ってきた子どもたちと一緒に筆を作る。作った筆は男衆が全国に売りに歩く。その間、母も娘も姉も妹も、筆を作る。熊野では、その姿を見て嫁を決める。嫁いだ先でも筆を作る。これが日常の暮らしであった。野口雨情はこんな情景を見て詩を書いたのかもしれない。

かくいうわが家もそんな日常を送ってきた家だ。江戸時代から畑仕事と筆仕事で家計を立ててきた。太平洋戦争が始まり、男手が少なくなり筆仕事が減ってきた時代も、少ない筆仕事をしながら家を守った。

中国に出征していた初代洞水は、昭和二十二年

自宅兼工房の初代洞水　昭和50年、熊野筆は伝統的工芸品に認定された。〈安芸郡熊野町神田・昭和51年・提供＝赤翼洞水氏〉

テレビの取材を受ける　熊野筆が伝統的工芸品に認定されたことで、少しずつ認知度も高まり、マスメディアの取材を受けることも増えていった。〈安芸郡熊野町神田・昭和51年・提供＝赤翼洞水氏〉

六月に広島に帰ってきた。九州から汽車で広島駅について目にしたのは、変わり果てた広島市の姿だった。愕然としながら最寄りの矢野駅で下車し、歩いて峠を登るその間も、ずっと変わり果てた広島の光景が頭から離れない。やっと生き延びて帰ってきたのに、この先どうなってしまうのか不安を覚えた。けれど峠を登るにつれ見覚えのある、変わらぬ熊野の風景があった。「これなら筆が作れる」と奮起したという。

故郷に戻った洞水は、筆を作りながらどうしたら熊野筆が有名になるか考えた。まだインターネットやSNSのない時代のこと、知ってもらうためには直接出向くしかない。この頃から稼業に戻った二代目と、車いっぱいに筆や道具を載せて全国で実演販売をしてまわった。

昭和五十年、毛筆産業として全国初の伝統的工芸品に認定され、初代洞水は伝統工芸士に認定された。この頃にはテレビや新聞に取り上げられ、少しずつ熊野筆の名が広まってきたが、初代洞水はもっと有名にしたいと、鳥や植物の綿から、上野動物園のパンダの毛までさまざまなもので筆を作った。書道をしない人にも筆を手にとってもらいたいと考えた赤ちゃんの髪の毛で作る「誕生記念筆（胎毛筆）」も、全国に広まるにつれ、注文が入るようになった。

熊野で筆が作られるようになって約一八〇年。伝統的工芸品に認定されて五〇年。先人たちの技術と思いを受け継ぎ、今日も熊野で筆を作る。

（赤翼洞水）

誕生記念筆　赤ちゃんの毛で筆を作る誕生記念筆は初代洞水の考案。この筆のＰＲなど、熊野筆を浸透させるために東奔西走していた頃で、2代目洞水と池袋の百貨店で熊野筆の実演販売もした。〈安芸郡熊野町神田・昭和51年・提供＝赤翼洞水氏〉

筆まつりの彼岸船　この日熊野町は「筆踊り」や「大書」「筆づくり実演」などさまざまなイベントが行われ多くの参加者や見物人で賑わう。第1回は昭和10年に開催され、筆踊りは第2回から行われている。途中、筆産業の不況の時期を乗り越え、現在では来場者5万人を数える行事となっている。〈安芸郡熊野町神田・昭和53年・提供＝赤翼洞水氏〉

相次いだテレビ取材　自宅兼工房に、テレビ番組「アフタヌーンショー」の取材で宮尾すすむが来訪。初代洞水は大きな筆を担いで迎えた。永六輔、あべ静江もテレビ取材で訪れている。〈安芸郡熊野町神田・昭和54年・提供＝赤翼洞水氏〉

8

伝統の祭りと暮らしの中の民俗行事

広島の祭りも地域ごとにさまざまで、子どもたちは幼い頃から笛や太鼓の音に心躍り、祭りが待ち遠しかったものだ。

筆者が住む本浦の邇保姫《にほひめ》神社の秋の大祭は獅子舞から始まる。獅子舞は大祭の約一カ月前から地区内をまわる。各家では獅子舞が来る前日に家を掃除し、心身を清めて準備をする。当日、玄関先でお祓いをしてから座敷に上がった宮司が、神棚に向かい祝詞をあげて「獅子」を迎えると、禊ぎを済ませた獅子が舞う。舞の終盤、獅子は座敷の四隅を大きな口をパクパクさせて邪気を呑み込み、舞が終わると迎えた家の人たちは獅子に頭を噛んでもらう。運気をもらい一年の無病息災の御利益を願う儀式である。

亥の子が盛んな段原地区に実家がある筆者の父は「亥の子、亥の子、亥の子餅ついて、繁盛せえ!繁盛せえ！」と亥の子祭の囃子唄をよく口ずさんでいた。亥の子では布で巻いた大、中、小の石を用い、石に瓢箪《ひょうたん》を載せて縄で跳ね上げる。今も地区の家にはこの石が祀られている。この祭りでは亥の子餅を食べ、無病息災や子孫繁栄、商売繁盛を祈願する。ただし繁盛してはいけないのが警察署と消防署で、火の用心のような意味も亥の子祭にはあるとされる。

広島市と周辺の独特な習俗に、色鮮やかな盆灯籠がある。もともと浄土真宗安芸門徒《あきもんと》だけの風習であったが、今では宗派を超えた夏の風物詩となっている。

その起源は諸説あるが、江戸時代に今の広島市中区紙屋町の紙商人が、幼い娘を亡くして墓を作ったが石灯籠は作れず、代わりに色とりどりの紙で灯籠を作ったという説が印象に残る。

現在、寺によっては通行の妨げや防火の観点から灯籠の持ち込みを遠慮するように求めるところもあり、塔婆《とうば》に変わりつつある。それでも盆の時期になると、墓所には彩り鮮やかな盆灯籠が少なからず立ち並び、「ああ、これで広島にも盆が来たんじゃ」と感じさせる。

灯籠は竹を組み、色紙を貼りつけて作られる。六角錐の一角だけ糊付けせず、その反対側に墓参者の名前を書くのだと、亡くなった母に教わった。

これらの祭りや風習は、郷土の生活文化や風物詩として、未来のために残していきたいと思う。

近年では祭りの夜店や屋台も減り、昔の風情も薄れつつあるが、いくつになっても祭の日にはご馳走を食べ、きれいな「おべべ」を着て楽しみたいものだ。

（矢野久美子）

神田神社の秋祭り　大勢の子どもたちが現在の宇品御幸5丁目と宇品海岸2丁目の間の交差点に集まっている。当時この辺りは今よりもっと道が狭く、長屋や商店が軒を連ねていた。写っていないが手前左にいなり湯、右の道を進むと千暁寺《せんぎょうじ》がある。秋祭りは今は10月第3週の土・日曜日に行われる。〈広島市南区宇品御幸・昭和33年・提供＝佐藤敏雄氏〉

空鞘《そらさや》神社の祭り　天文年間（1532～1555）の創建と伝わる古社で、正式名称は空鞘稲生《いなお》神社。昭和40年までは、周辺一帯の町名も空鞘町だった。写真は子どもたちが町内を練っているもので、紙垂《しで》のついた4メートル近い竿を持ち、囃《はや》したてている。〈広島市中区本川町・昭和37年・提供＝森苗月氏〉

胡子大祭　胡子神社がこの地に鎮座して以来400年以上続く祭り。広島三大祭りの一つで「えべっさん」として親しまれている。えびす通り商店街には、「こまざらえ」と呼ばれる縁起物の熊手を販売する露店が並ぶ。〈広島市中区堀川町、胡町・昭和50年・提供＝砂入保雄氏〉

大きな「賽銭樽」 人びとがのぞき込んでいるのは、胡子神社の前に置かれた大樽で「賽銭樽」と書かれている。樽の中を見ながら、新年の景気を推しはかる人もいるようだ。〈広島市中区胡町・昭和50年・提供＝砂入保雄氏〉

こまざらえ 熊手の先に、縁起の良い七福神になぞらえた七つの宝が下げてある。今年買った新しい「こまざらえ」は、胡子神社で祈祷してもらい「こま札」を付けるのが習わしである。〈広島市中区堀川町・昭和50年頃・提供＝砂入保雄氏〉

「とうかさん」へお出かけ とうかさん大祭は、圓隆寺《えんりゅうじ》の総鎮守である稲荷大明神のお祭り。えびす講、住吉神社祭りと並び広島の三大祭りの一つである。撮影当時は6月8日から3日間開催されていた頃で、現在は6月の第1金曜日から3日間となっている。浴衣《ゆかた》の着初めの日としても知られ、写真の女の子たちも浴衣を着て記念撮影をした。〈広島市東区上大須賀町・昭和62年・提供＝森苗月氏〉

邇《に》保《ほ》姫《ひめ》神社の稚児行列　創祀392年に神功皇后の故事にならって創建されたと伝わる。地名の「仁保」は同神社が由来で江戸時代以前、この地は島で「邇保島」とも呼ばれていた。社殿は長い石段を上った高台にあるが、昔は神社の下は海岸であったといわれている。写真は石段をお稚児たちが上っているところ。石段はもともと100段程あったが、平成19年の不審火で全焼。同22年の再建後はは60段ほどになった。〈広島市南区西本浦町・昭和60年・提供＝矢野久美子氏〉

出雲神社の夏季例大祭　西観音町子供連中の法被にねじり鉢巻で写真に収まる子どもたち。観音《かんおん》町の出雲神社のお祭りで、現在は8月に開催されており、近年は観音公園で行われることが多い。この地域では、天満町の天満宮大祭と並ぶ二大夏祭りである。〈広島市西区観音町・昭和32年・提供＝森苗月氏〉

西念寺のお稚児行列へ　法輪保育園に通っていた子どもたちが稚児行列に参加した。詳細は不明だが、観音本町の西念寺から十日市町辺りまで歩いたという。〈広島市西区観音本町・昭和49年・提供＝山本直美氏〉

塩屋神社のお稚児さん　海老山《かいろうさん》の麓にある塩屋神社は推古天皇の時代、620年頃の創建と伝わる。昭和初期まで海老山は海に臨んでおり、海上守護の神様としても篤い信仰を集める。末社には「あまんじゃく」伝説で知られる道空が祀られ、3月には道空社祭も行われる。〈広島市佐伯区海老山町・昭和29年・提供＝児玉ひろ子氏〉

五日市の子ども神輿　五日市地区の氏神の秋祭りで立派な子ども神輿が写る。これから担ぐところで、子どもたちが集まっている。五日市地区では江戸時代から盛んだった「喧嘩神輿」が昭和48年を最後に途絶えていたが、平成11年、32年ぶりに復活した。〈広島市佐伯区五日市中央・昭和48年・提供＝森下弘氏〉

多家《たけ》神社の秋祭り　おめかしして幼い姉妹がお出かけするところ。目当ては祭りの屋台だろうか。多家神社は神武天皇が東征の際に立ち寄ったと伝わる、安芸国三大神社の一つ。『日本書紀』に「埃宮《えのみや》」と記述され、地元では「えのみやさん」と呼ばれ親しまれている。明治初めに現在地に造営。現在は10月半ばの土・日曜日に秋祭りが行われる。〈安芸郡府中町鹿籠・昭和27年・提供＝内田恵子氏〉

日浦山春日神社の秋祭り　豊穣への感謝と祈りをこめて催される秋季例大祭に、子供会を中心に町をあげて取り組んだ。同神社は、鎌倉時代に奈良の春日大社より勧請したと伝わる。平成30年7月豪雨で社殿を除き大きな被害に遭ったが、氏子らの尽力もあり、令和5年に手水《ちょうず》舎などが復旧。同年10月に無事、創建800年祭が執り行われた。〈安芸郡海田町畝・昭和56年頃・提供＝坪井美保氏〉

出崎森《でさきもり》神社の祭り　秋祭りと思われる。同神社は、霊亀元年（715）に筑前の宗像神社より勧請されたと伝わり、古くから「八幡宮」の別名があった。勧請された際に、たいまつを灯して船を出迎え、導いたことから始まったと伝わる「火ともしまつり」でも知られる。火ともしまつりは旧暦8月14日に行われていたが、現在は秋祭りの前夜祭と合わせて行われるようになっている。〈安芸郡海田町寺迫・昭和42年・提供＝西村奈苗氏〉

熊野神社秋祭りの頂載《ちょうさい》　旧山陽道（西国街道）沿いを新町の頂載が通る。「頂載」は１間（約1．８メートル）四方の屋台を直径７寸（約２１センチ）、長さ７間半（約13．5メートル）の杉の丸太で通した巨大な山車。４人の子どもが中で太鼓を叩き、大人数十人が担いで町内を練り歩く。かつて町内には新町、稲荷町、中店、上市の４基の頂載があり、互いに揉み合う「喧嘩神輿」奉納もあった。〈安芸郡海田町内・昭和50年代・提供＝海田町教育委員会〉

熊野新宮祭礼の獅子舞　頂載と並び、熊野神社秋祭りでは花形の神事。船越町竹浦（現広島市安芸区船越）より明治時代に伝わったとされる。薬師町獅子舞保存会により伝承されているが近年は中止となっている。薬師町は現在の稲荷町地域にあった旧町名。〈安芸郡海田町稲荷町・昭和61年・提供＝海田町教育委員会〉

可部の花田植　かつて広島県北一帯の農村では田楽の一種である「花田植」が盛んに行われていた。囃しや歌に合わせて行われる田植え行事で、「大田植」「大花田植」などとも呼ばれる。飾り立てられた牛と植え手の早乙女、囃し手などで構成される。下写真には華やかに飾り付けられた牛が写るが、重い飾り鞍を背負うため、大きな雄牛が務めたという。場所は可部高校の校庭。昔は広い田んぼで行われていたが、郷土芸能の保存という目的もあって、より多くの人が集まることができる場所で開催されたのだろう。〈広島市安佐北区可部東、上／昭和30年代・提供＝新澤孝重氏、左・下／昭和31年・提供＝小池忠人氏〉

坂町ようようまつり　「みんなでつくりみんなで参加するみんなのまつり」として、昭和59年から3月の第3日曜日に開催されている。「ようよう」は坂町の方言で「ありがとう」を意味し、前途洋々の言葉をかけて、ふるさとへの感謝と発展への思いが込められている。〈安芸郡坂町平成ケ浜・平成14年・提供＝野村伸治氏〉

亥の子祭り①　主に西日本で行われる子どもの祭りで、広島では旧暦10月の初亥の日に行われる。田の神様に感謝を捧げる収穫祭でもあり、縄で縛った亥の子石を子どもたちが引きずって地区の家々を回り、囃しながら地面をつく。写真の場所は中島保育園前。〈広島市中区中島町・昭和54年・提供＝山田君子氏〉

亥の子祭り②　各家々でもらえるお菓子やお餅に、子どもたちは大喜びだった。〈広島市東区上大須賀町・昭和60年・提供＝森苗月氏〉

向洋《むかいなだ》の盆踊り　安芸地方は昔から盆踊り行事が盛んに行われてきた。向洋の盆踊りは永禄年間（1558~1570）に始まったとされ、優雅な舞が特徴である。かつては旧暦8月15日前後の5日間、夜通し行われたという。〈広島市南区向洋大原町・昭和28年・提供＝山本昌子氏〉

護国神社へお宮参り　子が生まれてから1カ月頃に初めて地域の氏神にお参りする行事。産土神《うぶすながみ》に誕生の報告をして氏子となり、祈祷を受けるなどして子の健やかな成長を願う。〈広島市中区基町・昭和37年・提供＝西村奈苗氏〉

お祝いの日　紋付を着た赤ちゃんを囲み笑顔の大人たち。親戚が集まって祝い膳が振る舞われている。赤子が生まれて100日前後に行われる「お食い初め」だろうか。〈広島市南区東雲本町・昭和36年・提供＝西村奈苗氏〉

1歳の誕生日　着飾った幼子の前には大きな紅白の重ね餅。日本の伝統的な1歳のお祝い、一升餅である。一升と一生を掛け、一生食べ物に困らず健やかにとの願いが込められている。この家では誕生日のケーキも一緒に用意されていた。〈広島市南区東雲本町・昭和39年・提供＝西村奈苗氏〉

七五三　護国神社へ七五三詣りへ行く途中、平和公園内の慰霊碑前での一枚。紋付き袴を着せてもらい、ご機嫌のようだ。〈広島市中区中島町・昭和42年・提供＝藤井千鶴子氏〉

七五三を祝って　七五三を迎えた兄弟と一緒に、女の子も晴れ着を着せてもらった。自分の番も間もなくであろう。〈広島市南区西本浦町・昭和32年・提供＝矢野久美子氏〉

七五三詣り　日浦山春日神社へ詣でた帰りに鳥居の下で記念写真。手にしている千歳飴はとても長いため、食べきるのはひと苦労であったことを思い出す一枚だという。〈安芸郡海田町畝・昭和51年・提供＝坪井美保氏〉

桃の節句　もともとは五節句の一つである上巳《じょうし》ともいわれ、いつしか雛人形を飾って女の子の健康と幸せを願う祭りとして広まった。写真は近年あまり見られなくなった七段飾り。女の子がこぼれんばかりの笑みを見せている。〈安芸郡海田町成本・昭和57年・提供＝坪井美保氏〉

端午の節句　鎧飾りの立派な五月人形の前で笑顔の兄妹。おどける兄の姿に笑顔で応える妹。2人の笑い声が聞こえてくるようだ。〈安芸郡海田町成本・昭和50年・提供＝菅尾貴弘氏〉

盆灯籠を手に墓参り　この地域での盆の墓参は、色鮮やかな「盆灯籠」を持って山を歩き、墓に供える。盆灯籠は浄土真宗の安芸門徒に伝わる風習で、主として県西部で見られる。現在は宗派にかかわらず盆灯籠を飾る寺院も多いという。〈安芸郡府中町浜田・昭和31年・提供＝陰山哲章氏〉

圓《えん》龍《りゅう》寺《じ》で盆の墓参り　墓の周りには、「盆灯籠」が何本も見える。初盆には白い盆灯籠、その後は色紙の盆灯籠が立てられる。盆の時期、墓地が鮮やかに彩られるようすは、広島特有の情景である。〈広島市中区寺町・昭和30年頃・提供＝内田恵子氏〉

坂八幡神社の秋祭りの頂載《ちょうさい》

坂八幡神社の秋祭り　頂載には小学3年生くらいの男の子の稚児を4人乗せて奉納する。左右に倒したり揺らしたりしながら担いで参道を練り歩くため、稚児たちは道中落ちないように工夫されている。人びとはこの迫力ある頂載を楽しみにして毎年集う。〈安芸郡坂町坂東・昭和51年・提供＝野村伸治氏〉

坂八幡神社の秋祭りは、七六〇年の歴史を誇る神社の寄進物に勇壮典雅な「頂載《ちょうさい》」があることで知られる。この「頂載」は、浜宮地区と刎条《はねじょう》地区からの寄進がある。

安芸地区の沿岸部の祭りでは、よく見られる頂載であるが、坂八幡神社のそれは特に荒々しく、見応えがある。

頂載には小学校三年生くらいの男子稚児が四人乗り、太鼓を叩く。御酒で勢いがついた若い衆が、「返せや～、返せや～」の掛け声で、頂載を左右に揺らしたり倒したりを繰り返しながら、神様へ献上するため五一段の参道階段を進む。この辺りでは「頂載を担ぐ」とは言わず、「頂載をもむ」という。

神様へ献上する頂載の担ぎ手は、白の長袖ワイシャツ、白のトレーニングパンツを着用する決まりで、絶対に肌を露出してはいけない。「ソリャ～、ヤットコセ～、ヨ～イヤナ～、アレワイセ～」と囃し立てながら、「若い者～、その意気、たのむぞ～」の掛け声よろしく、頂載が本殿に突っ込むと、多くの参拝者から拍手が起こる。

このような伝統がいつの時代から始まったのか定かではないが、近年では担ぎ手の減少により、往時の迫力が失われつつあるのは寂しいことである。

そのほか、横浜地区の寄進物には小学生が担ぐ「曳船子船」と大人が担ぐ「曳船親船」がある。揃いの青

秋祭りの曳船　横浜地区からの寄進物・曳船が練り歩く。担ぎ手は、海の荒波を表現した青い法被に身を包み、荒波の如く揺らしながら休みなく歩く。〈安芸郡坂町坂東・昭和51年・提供＝野村伸治氏〉

頂載を左右に揺らす　かつて全国ネットのテレビ番組でも放送された祭りの最大の見どころ。頂載を左右に倒して揺らしている瞬間は、稚児たちも絶叫する。〈安芸郡坂町坂東・昭和51年・提供＝野村伸治氏〉

い法被で荒海を表現し、太鼓のリズムに揺れながら進む。頂載と違って曳船で神の道を清めるという役割があるそうだ。

また森浜地区の「屋台」（中村地区は昨今、鳥居の横で「屋台」を披露する）は、子どもを桟敷に乗せ、縄で馬場道という総頭川沿いから坂八幡神社に続く道を引き歩き、見応えがある。そして西側地区、上條地区からの「獅子舞」、これが最古の寄進物と伝えられている。

坂八幡神社の秋祭りは、地方の小さな町の祭りとは思えないほど、まさに豪華絢爛で迫力満点の祭りだ。ちなみに、かつてテレビ番組で紹介されたことで、全国的に知られることとなった。その効果かどうかはわからないが、以降、毎年多くの参拝者が訪れている。寄進行列の最中、時折、法螺《ほら》貝《がい》が吹かれ、参拝者も沸く。祭りの盛りあがりは、今も廃れることはない。

時代の移り変わりで、諸事情から昔のままとはいかないだろうが、一〇〇年後もこの祭りが地域の伝統として引き継がれ、変わらぬ姿であることを願っている。

（野村伸治）

石段を駆け上がる頂載　頂載を担いで、51段の参道を駆け上がっていく。〈安芸郡坂町坂東・平成9年・提供＝野村伸治氏〉

坂八幡神社秋祭りで屋台のゲームに夢中　昭和50年代、一世を風靡したインベーダーゲームが登場する前、子どもたちはお祭りに行くと的屋のスマートボールに夢中だった。〈安芸郡坂町坂東・昭和50年・提供＝野村伸治氏〉

広島市、安芸郡の近現代略年表

年代	広島市、安芸郡のできごと	周辺地域、全国のできごと
慶応 4 年／明治元年（1868）		明治維新／江戸を東京と改称／明治と改元
明治 4 年（1871）	廃藩置県により広島県設置	廃藩置県／欧米諸国へ岩倉使節団を派遣
明治 5 年（1872）		学制発布／太陽暦採用
明治 6 年（1873）	広島に鎮台が置かれ第五軍管広島鎮台と称する	
明治 11 年（1878）	広島県での郡区町村編制法施行により広島区発足	三新法制定（郡区町村編制法、府県会規則、地方税規則）
明治 15 年（1882）	広島区が安芸郡山崎新田・明星院村・古川村を合併／安芸郡牛田村が新山村を合併／高宮郡城村・四日市村・中野村が発足／高宮郡鈴張村が関屋村を合併	
明治 21 年（1888）	広島に第五師団設置	
明治 22 年（1889）	市制・町村制施行により多数の市町村が統廃合される／全国初の市の一つとして広島市発足／宇品港築港工事完了、宇品新開地が宇品町と称される	大日本帝国憲法発布／東海道線が全線開通
明治 23 年（1890）	宇品港落成式	第 1 回衆議院議員総選挙実施／第 1 回帝国議会開会／府県制・郡制公布／教育勅語宣布
明治 27 年（1894）	山陽鉄道が広島まで開通／日清戦争が勃発し東京の大本営が広島に移設される／広島の仮議事堂で臨時帝国議会開催	日清戦争開戦
明治 28 年（1895）	高宮郡深川村の一部が分立し落合村発足	
明治 31 年（1898）	高宮郡と沼田郡が合併し安佐郡発足	
明治 35 年（1902）		日英同盟締結
明治 37 年（1904）	広島市が安芸郡仁保島村の一部を編入	日露戦争開戦
明治 40 年（1907）	安佐郡三篠村が町制施行	義務教育が 6 年間となる
明治 42 年（1909）	広島瓦斯創立	伊藤博文暗殺
明治 44 年（1911）	佐伯郡五海市村が町制施行し五日市町発足／佐伯郡己斐村が町制施行	
明治 45 年／大正元年（1912）	広島電気軌道（現広島電鉄）開業	明治天皇崩御、大正と改元
大正 4 年（1915）	広島県物産陳列館（現原爆ドーム）開館	対華 21 カ条要求
大正 6 年（1917）	安芸郡仁保島村が仁保村と改称／安芸郡矢野村が町制施行	
大正 7 年（1918）	安芸郡熊野村が町制施行	シベリア出兵／米騒動が全国に広がる
大正 9 年（1920）	安佐郡西原村・東原村が合併し原村発足	第 1 回国勢調査実施／国際連盟設立
大正 12 年（1923）		郡制廃止／関東大震災
大正 15 年／昭和元年（1926）	浅野図書館落成	大正天皇崩御、昭和と改元／郡役所廃止
昭和 2 年（1927）	東新天地が開かれる／八丁堀千日前に歌舞伎座が開場／東洋コルク工業が東洋工業と改称（現マツダ）	昭和金融恐慌
昭和 3 年（1928）	安芸郡船越村が町制施行／広島放送局が開局／海田市町出身の織田幹雄がアムステルダムオリンピック三段跳で日本人初の金メダルを獲得	昭和天皇御大典祝賀行事を全国で開催／普通選挙法による最初の衆議院議員選挙実施（成人男子のみ）／治安維持法改正
昭和 4 年（1929）	広島市が安芸郡仁保村・矢賀村・牛田村・安佐郡三篠町・佐伯郡己斐町・草津町・古田村を合併／広島文理科大学開学／広島初の百貨店として福屋開店／昭和産業博覧会開催	世界恐慌
昭和 5 年（1930）	可部線の電化工事が完工し 1 月 1 日から全線にて電車を運転する	
昭和 6 年（1931）	安芸郡上瀬野村・下瀬野村が合併し瀬野村発足／広島城が国宝に指定／中国駅伝競走が始まる／広島市に浅野図書館が寄贈される／安芸郡熊野町が本庄村の一部を合併	満州事変勃発
昭和 7 年（1932）	宇品港を広島港と改称	満州国建国宣言／五・一五事件
昭和 8 年（1933）	広島逓信局の新局舎が竣工／広島県立商品陳列所を広島県産業奨励館と改称／広島県連合婦人会が組織される	日本が国際連盟を脱退
昭和 9 年（1934）		室戸台風来襲
昭和 10 年（1935）	広島鉄道局開局／海田市公会堂落成／熊野町で第 1 回筆まつり開催	天皇機関説事件
昭和 12 年（1937）	海田市明神新開の整地工事着工／安芸郡府中村が町制施行	日中戦争開戦／防空法施行
昭和 13 年（1938）	安佐郡祇園村が町制施行／福屋百貨店新館が竣工	国家総動員法施行
昭和 14 年（1939）	日本赤十字社広島支部病院が開院	
昭和 15 年（1940）	縮景園が国の名勝に指定	紀元二千六百年記念祝賀行事開催／大政翼賛会発足
昭和 16 年（1941）		尋常小学校を国民学校と改称／太平洋戦争開戦
昭和 17 年（1942）	安佐郡可部町・中原村が合併し改めて可部町発足／広島瓦斯電軌から分離して広島電鉄・広島瓦斯が設立／広島陸軍被服支廠海田市倉庫が落成	ミッドウェー海戦／食糧管理法制定／大日本婦人会発足
昭和 18 年（1943）	安佐郡三川村が町制施行し古市町発足／安佐郡祇園町・長束村・山本村・原村が合併し改めて祇園町が発足／	学徒出陣開始
昭和 19 年（1944）		学童疎開開始／学徒勤労令、女子挺身勤労令公布
昭和 20 年（1945）	広島文理科大学内に中国地方総監府が置かれる／原子爆弾が投下される	全国で空襲激化／長崎に原爆投下／太平洋戦争終結／枕崎台風襲来／治安維持法廃止

年代	広島市、安芸郡のできごと	周辺地域、全国のできごと
昭和 21 年 (1946)	広島市復興局が創設／平和復興祭が開催	農地改革／英連邦軍が県下に進駐
昭和 22 年 (1947)	第 1 回平和祭が開催／昭和天皇巡幸	新学制実施／日本国憲法施行／地方自治法施行
昭和 24 年 (1949)	広島平和記念都市建設法が公布・施行される／広島東洋カープ設立／高田郡井原村が市川村の一部を編入／高田郡秋越村が市川村の一部と合併し高南村が発足	日本専売公社発足
昭和 25 年 (1950)	広島大学開学式挙行／ ABCC の比治山研究施設が竣工／安芸郡坂村が町制施行／広島こども博覧会開催	朝鮮戦争勃発／千円紙幣発行／警察予備隊創設
昭和 26 年 (1951)	賀茂郡熊野跡村が安芸郡熊野跡村となる／第 6 回国民体育大会が開幕	サンフランシスコ平和条約・日米安保条約調印
昭和 27 年 (1952)	広島平和都市記念碑（原爆死没者慰霊碑）除幕／安芸郡奥海田村が町制施行し東海田町発足	警察予備隊を保安隊に改組
昭和 28 年 (1953)	ラ・パンセ（瞑想）像建立	NHK テレビ本放送開始
昭和 29 年 (1954)	中区本通りのアーケード完成／八丁堀に広島天満屋開業／陸上自衛隊海田市駐屯部隊発足／府中町役場新庁舎完成／広島県児童図書館が広島県立図書館と改称／高田郡高南村が有保村の一部を合併	保安隊を自衛隊に改組／第五福竜丸事件／神武景気始まる
昭和 30 年 (1955)	本通りのアーケードが積雪のため倒壊／広島市公会堂、広島平和会館原爆記念陳列館（広島平和記念資料館）落成／第 1 回原水爆禁止世界大会開催／昭和の大合併により安佐郡高陽町・安佐町・可部町・沼田町・安古市町・佐東町・佐伯郡五日市町が発足／広島市が戸坂村を合併	55 年体制成立
昭和 31 年 (1956)	NHK 広島テレビジョン本放送開始／県庁舎落成／日本赤十字社広島原爆病院が開設／安芸郡安芸町・瀬野川町・海田町・高田郡白木町・佐伯郡湯来町が発足／広島市が安芸郡中山村・佐伯郡井口村を合併	経済白書に「もはや戦後ではない」と記載される／東海道本線全線電化
昭和 32 年 (1957)	広島市民球場完工／広島バスセンター開業	
昭和 33 年 (1958)	広島城天守閣復元工事完工／広島復興大博覧会開催／海田町役場完工	一万円紙幣発行／東京タワー完成
昭和 34 年 (1959)	広島県初の民間ユースホステル開所／ NHK 広島放送会館落成式挙行	メートル法実施／皇太子ご成婚／伊勢湾台風襲来
昭和 35 年 (1960)	広島県立図書館が上幟町に移転	日米新安保条約発効、安保闘争激化
昭和 36 年 (1961)	初代広島空港開港	第二室戸台風襲来
昭和 39 年 (1964)		東海道新幹線開業／東京オリンピック開催
昭和 40 年 (1965)	広島民衆駅竣工	
昭和 41 年 (1966)	国道 2 号新広島バイパス開通／熊野団地の造成開始	
昭和 42 年 (1967)	太田川放水路完成／原爆ドーム保存工事が完工	公害対策基本法公布
昭和 43 年 (1968)	熊野団地完成	
昭和 45 年 (1970)		日本万国博覧会（大阪万博）開催
昭和 46 年 (1971)	広島市が安佐郡沼田町・安佐町を合併／安佐動物公園が開園	
昭和 47 年 (1972)	広島市が安佐郡可部町・祇園町を合併	札幌冬季オリンピック開催／沖縄が本土復帰
昭和 48 年 (1973)	広島市が安芸郡瀬野川町・安佐郡安古市町・佐東町・高陽町・高田郡白木町を合併	
昭和 49 年 (1974)	広島市が安芸郡安芸町・熊野跡村を合併／広島センタービル開業	
昭和 50 年 (1975)	広島市が安芸郡船越町・矢野町を合併／広島東洋カープがセントラル・リーグ初優勝／山陽新幹線全通	沖縄国際海洋博覧会開催／ベトナム戦争終結
昭和 52 年 (1977)	第 1 回ひろしまフラワーフェスティバル開催／府中大橋架け替え完工	
昭和 53 年 (1978)	海田町役場本庁舎開館／熊野筆会館落成／熊野町郷土館開館	新東京国際空港（現成田国際空港）開港
昭和 55 年 (1980)	広島市が政令指定都市になる	日本の自動車生産台数が世界第 1 位となる
昭和 60 年 (1985)	広島市が佐伯郡五日市町を合併し佐伯区設置	日本電信電話公社及び日本専売公社が民営化／プラザ合意／バブル景気始まる
昭和 62 年 (1987)		国鉄分割民営化
昭和 64 年／平成元年 (1989)	広島市と廿日市市が境界変更／海と島の博覧会開催	昭和天皇崩御、平成と改元／消費税導入／ベルリンの壁崩壊
平成 6 年 (1994)	アジア競技大会広島開催／アストラムライン開通	
平成 7 年 (1995)		阪神・淡路大震災／地下鉄サリン事件
平成 8 年 (1996)	第 51 回国民体育大会（ひろしま国体）開催／原爆ドームが厳島神社（宮島）とともに世界遺産登録	
平成 13 年 (2001)	広島初の地下街「紙屋町シャレオ」開業／ 2001 ねんりんピック広島開催	中央省庁再編／アメリカ同時多発テロ事件／芸予地震
平成 14 年 (2002)	国立広島原爆死没者追悼平和祈念館開館／広島国際フェリーポート完成	
平成 17 年 (2005)	広島市が佐伯郡湯来町を合併	JR 福知山線脱線事故
平成 18 年 (2006)	広島平和記念資料館の本館と世界平和記念聖堂が国の重要文化財指定	
平成 19 年 (2007)	広島平和記念公園が国の名勝指定	
平成 23 年 (2011)		東日本大震災
平成 26 年 (2014)	8 月豪雨災害	
平成 30 年 (2018)	7 月豪雨災害	
平成 31 年／令和元年 (2019)	浅野氏広島城入城 400 年記念イベント開催	皇太子徳仁親王が天皇に即位、令和と改元
令和 2 年 (2020)		新型コロナウイルス感染症の世界的大流行始まる
令和 3 年 (2021)	核兵器禁止条約が発効	東京 2020 オリンピック開催
令和 4 年 (2022)	第 1 回ひろしま国際平和文化祭（ひろフェス）開催	ロシアによるウクライナ侵攻
令和 5 年 (2023)	G7 広島サミット開催	イスラエルによるガザ大規模侵攻
令和 6 年 (2024)	日本原水爆被害者団体協議会がノーベル平和賞受賞	ロシアで第 16 回 BRICS 首脳会議開催

広島市、安芸郡の地理・交通図

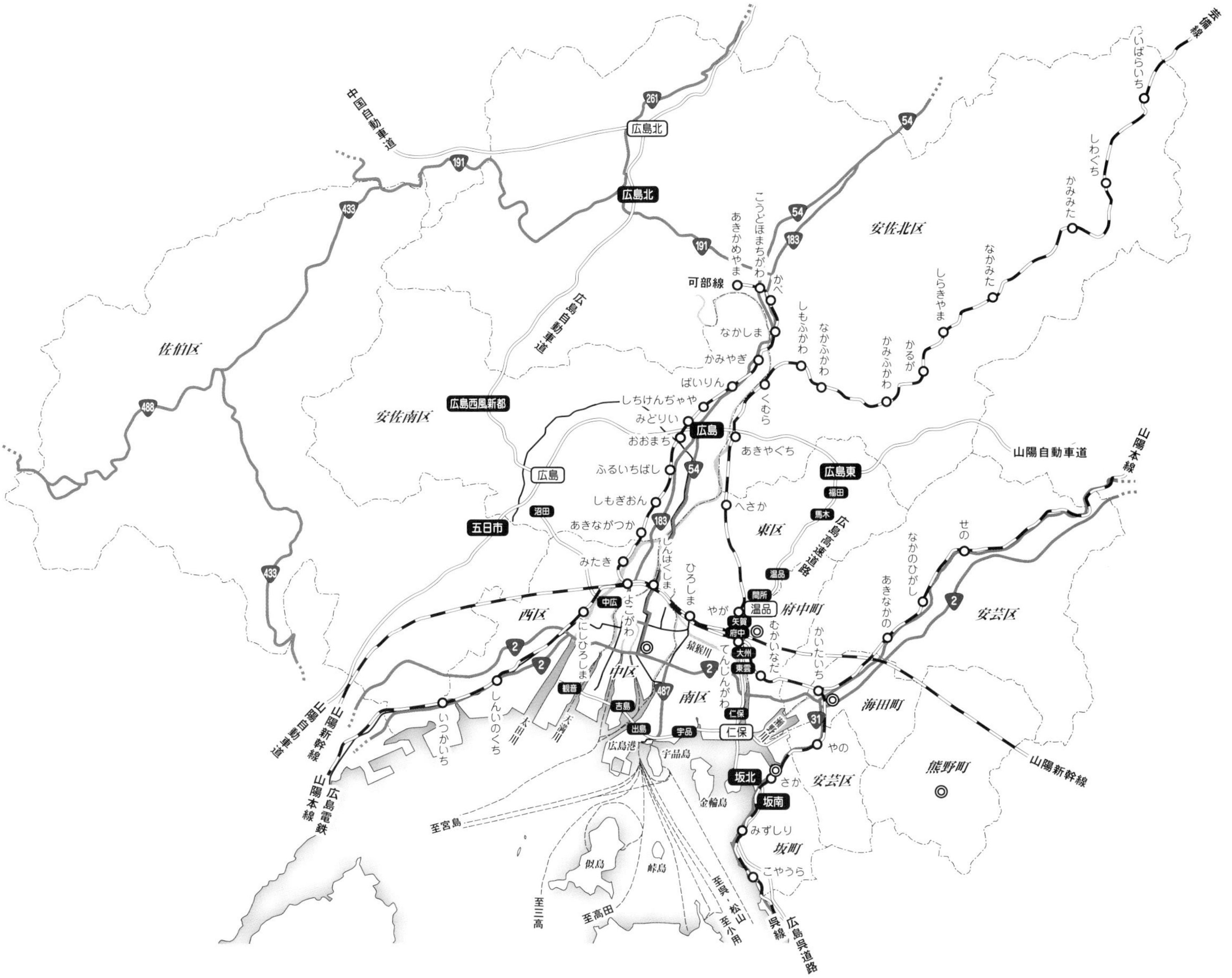

=市町域
=JR 線
=広島電鉄
IC JCT =有料道路
=国道
=航路
=市役所・町役場

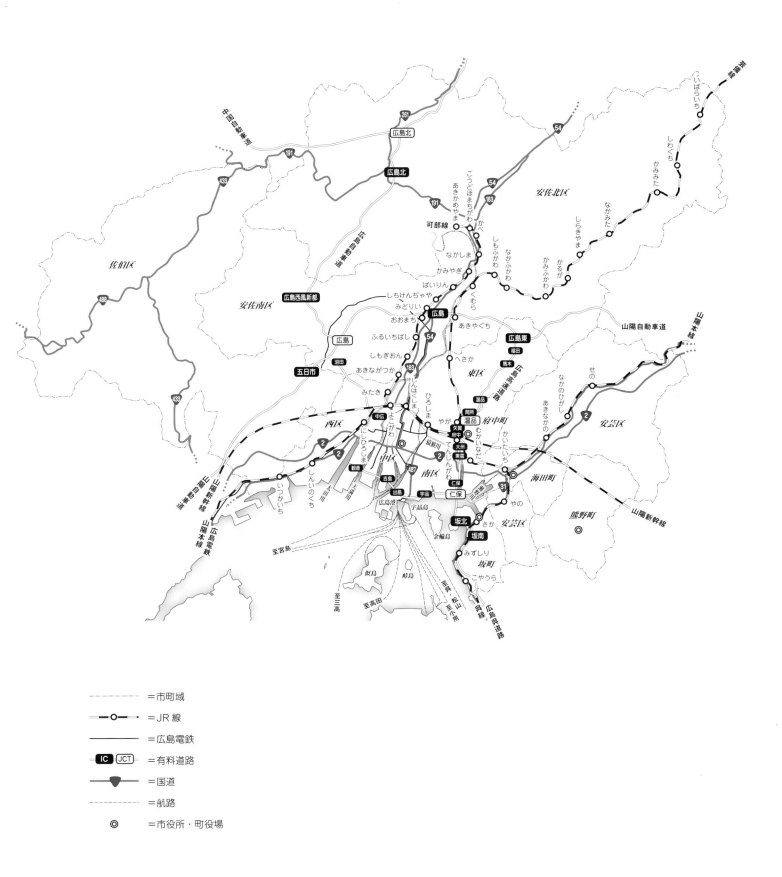

写真および資料提供者

（敬称略・順不同）

青谷淳子
赤翼洞水
秋枝照幸
伊豆野和信
市本文之
稲田映子
猪野香
内田恵子
宇戸純子
大田哲雄
尾田邦子
小田年枝
陰山哲章
笠間朋枝
梶本奈三枝
加藤雅子
上長瞳
川本宏幸
栗栖勝彦
黒瀬峻章
熊野あつこ
熊野拓
小池忠人
小島英子
児玉ひろ子
小林和典
小松重次
崎藪清蔵
佐倉伸夫
佐伯晴将
佐藤敏雄
塩井京子
重高順子
新澤孝重
菅尾貴弘
杉本洋子
鈴木修治
砂入保雄
住岡耕二
瀬戸原博昭
高見彰彦
髙山希望
髙山由里子
瀧口秀隆
武田公子
田野城喬
玉井満
坪井美保
中田恵美子
西村奈苗
野村伸治
原田良造
平澤緑
福重くるみ
藤井千鶴子
藤田吾郎
古川了永
坊田謙治
松原正行
松本秀稔
宮川正人
三好史久
森下弘
森貴子
森長一宏
森長俊六
森苗月
安田健太郎
安村耀嗣
矢野久美子
山田君子
山根洋子
山本直美
山本昌子
山本由紀
吉武多恵
Randy.N.Wentling
己斐歴史懇話会
小林正肉店
誠文堂
中国新聞社
みやび
海田町ふるさと館
広島平和記念資料館
海田町教育委員会
府中町教育委員会
米国立公文書館

＊このほか多くの方々から資料提供やご教示をいただきました。謹んで御礼申し上げます。

おもな参考文献

（順不同）

『概観広島市史』（広島市・一九五五）
『新修広島市史　第一巻　総説編』（広島市・一九六一）
『新修広島市史　第二巻　政治史編』（広島市・一九五八）
『新修広島市史　第三巻　社会経済史編』（広島市・一九五九）
『新修広島市史　第四巻　文化風俗史編』（広島市・一九五八）
『広島新史　年表編』（広島市・一九八六）
『広島新史　都市文化編』（広島市・一九八三）
『広島新史　財政編』（広島市・一九八三）
『広島新史　地理編』（広島市・一九八三）
『広島新史　市民生活編』（広島市・一九八三）
『安芸府中町史　第一巻　通史編』府中町史編修委員会編（府中町・一九七九）
『安芸府中町史　第二巻　資料編』府中町史編さん専門委員会編（府中町・一九七七）
『安芸府中町史　第三巻　年表編』府中町史編さん専門委員会編（府中町・一九七五）
『海田町史　通史編』（海田町・一九八六）
『安芸熊野町史　通史編』（熊野町・一九八七）
『安芸熊野町史　生活誌・資料・年表編』（熊野町・一九八九）
『坂町郷土誌』坂中学校編（坂町・一九五〇）
『東洋工業四十年史』（東洋工業・一九六〇）
『都市の復興　広島被爆40年史』広島都市生活研究会編（広島市企画調整局文化担当・一九八五）
『中国支社30年史』（日本国有鉄道中国支社・一九六六）
『被爆50周年 図説戦後広島市史　街と暮らしの50年』（広島市総務局公文書館・一九九六）
『広島駅七十年のあゆみ』（広島駅・一九六五）
『広島の路面電車65年』（広島電鉄・一九七七）
『広島市被爆70年史　あの日まで　そして、あの日から　１９４５年８月６日』被爆70年史編修研究会（広島市・二〇一八）
『広島県大百科事典　上巻』（中国新聞社編（中国新聞社・一九八二）
『広島県大百科事典　下巻』（中国新聞社編（中国新聞社・一九八二）
『大日本職業別明細図』（東京交通社・一九三七）
『宇品線92年の軌跡（RM LIBRARY155）』長船友則（ネコ・パブリッシング・二〇一二）
『駅長さんの書いた駅名ものがたり　――広島鉄道管理局――』（東洋図書出版・一九七七）
『可部線 波乱の軌跡（RM LIBRARY211）』長船友則（ネコ・パブリッシング・二〇一七）
『がんす横丁　第一巻〜第四巻』薄田純一郎編（たくみ出版・一九七三）
『古地図と歩く　広島　歴史・文化散策ガイド19コース』中道豪一（南々社・二〇二三）
『山陽路を駆けた騎士たち　――Great Steam on Sanyo-line 1960-70――』（河杉忠昭・二〇〇二）
『写真アルバム　広島市の昭和』（樹林舎・二〇一五）
『瀬野に機関庫があった』（瀬野川流域郷土史懇話会・二〇一三）
『手仕事のおんな』大谷晃一（朝日新聞社・一九七五）
『日本郷土童謡名曲集』坊田壽眞（岡田日栄堂・一九三二）
『日本旋律と和声』坊田壽眞（音楽之友社・一九六六）
『日本の駅　――写真でみる国鉄駅舎のすべて――』（鉄道ジャーナル社・　九七　一）
『日本のカーフェリー』（海人社・二〇〇九）
『広島のチンチン電車――市内線と宮島線　波乱に富んだ86年のドラマ――』（郷土出版社・一九九八）
『広島百橋　広島県民文庫 広島探検叢書 No. 1』四国五郎著（春陽社出版・一九七五）
『広電が走る街　今昔』長船友則（JTB パブリッシング・二〇〇五）
『広電と広島』路面電車を考える会（交通新聞社・二〇一八）
『広電宮島線　もっと魅力発見！』中田裕一（南々社・二〇二四）
『筆』田淵実夫（法政大学出版局・一九七八）
『保存版　広島市今昔写真帖』（郷土出版社・二〇〇三）
『保存版　ふるさと広島市』（郷土出版社・二〇〇八）
『未来を語りつづけて』広島県教職員組合／広島県原爆被爆教師の会編（労働旬報社・一九六九）
『目で見る　広島市の100年』（郷土出版社・一九九七）
『私鉄の車両3　広島電鉄』飯島巌、青野邦明、荒川好夫（保育社・一九八五）
『鉄道ピクトリアル臨時増刊号　71年初の日本の蒸気機関車』（電気車研究会・一九七一）
『電気鉄道　9月号』（鉄道電化協会・一九六二）
『写された広島城　〜写真に残された城のヒストリー〜』（広島市文化財団　広島城・二〇二四）
『絵葉書の中の広島　〜閉じ込められた街の面影〜』（広島市未来都市創造財団　広島市郷土資料館・二〇一三）
『広島城天守閣再建50周年記念事業　広島城の50年』広島市文化財団　広島城（広島市市民局文化スポーツ部文化財担当・二〇〇八）
「カープ関係寄贈資料」濱保仁志『広島市公文書館紀要　第30号』（広島市公文書館・二〇一八）

＊このほかに各自治体の要覧や広報誌（縮刷版を含む）、新聞・雑誌記事、住宅地図、ウェブサイトなどを参考にしました。

編集

『写真アルバム 広島市の100年』刊行会

執筆（敬称略・50音順）

赤翼《あかはね》洞水《どうすい》（筆司）
梶本《かじもと》奈三枝《なみえ》（役者／タレント）
川本《かわもと》宏幸《ひろゆき》（学習塾運営）
鈴木《すずき》千穂《ちほ》（ライター）
高見《たかみ》彰彦《あきひこ》（鉄道史愛好家）
髙山《たかやま》由里子《ゆりこ》
武田《たけだ》公子《きみこ》（ヒロシマ ピース ボランティア ガイド）
野村《のむら》伸治《しんじ》（昭和カルチャー研究家）
坊田《ぼうた》謙治《けんじ》（坊田かずまの会会長）
三好《みよし》史久《ふみひさ》（元広島市職員）
森下《もりした》弘《ひろし》（ワールド・フレンドシップ・センター名誉理事長）
矢野《やの》久美子《くみこ》
山本《やまもと》直美《なおみ》
山本《やまもと》由紀《ゆき》

写真取材　鈴木千穂
編集・制作　折井克比古
装幀・DTP　伊藤道子

写真アルバム **広島市の100年**

2024年12月21日　初版発行

発 行 者　山田恭幹
発 行 所　樹林舎
〒468-0052　名古屋市天白区井口1-1504-102
TEL: 052-801-3144　FAX: 052-801-3148
http://www.jurinsha.com/
印刷製本　今井印刷株式会社

ISBN978-4-911023-09-9 C0021
＊定価はカバーに表示してあります。
＊乱丁・落丁本はお取り替えいたします。